十大抄底
高手方法集

赵信◎编

经济管理出版社
ECONOMY & MANAGEMENT PUBLISHING HOUSE

图书在版编目（CIP）数据

十大抄底高手方法集/赵信编. —北京：经济管理出版社，2020.6
ISBN 978-7-5096-7143-6

Ⅰ.①十… Ⅱ.①赵… Ⅲ.①股票交易—基本知识 Ⅳ.①F830.91

中国版本图书馆 CIP 数据核字（2020）第 093468 号

组稿编辑：勇　生
责任编辑：王　聪
责任印制：任爱清
责任校对：王淑卿

出版发行：经济管理出版社
　　　　　（北京市海淀区北蜂窝 8 号中雅大厦 A 座 11 层　100038）
网　　址：www. E-mp. com. cn
电　　话：（010）51915602
印　　刷：三河市延风印装有限公司
经　　销：新华书店
开　　本：720mm×1000mm/16
印　　张：14
字　　数：188 千字
版　　次：2020 年 9 月第 1 版　2020 年 9 月第 1 次印刷
书　　号：ISBN 978-7-5096-7143-6
定　　价：48.00 元

抄底大师的操作

　　股市大涨时反贪，及早退出股市；股市大跌时反恐，趁机抄底捞便宜；大跌大买，越跌越买，而不是割肉离场。

——沃伦·巴菲特

　　股市波动的历史规律告诉我们，所有的大跌都会过去，股市永远会涨得更高。历史经验还表明，股市大跌其实是释放风险，创造投资的一次好机会，能以很低的价格买入那些很优秀的公司股票，但抄底并没有那么简单。与其去不断抄"底"，不断被套，不如等底部出现后再介入不迟。

——彼得·林奇

　　当大众都失去信心的时候，这则是投资的最好时机。

——约翰·邓普顿

　　在一个中级趋势运行中，如果出现瞬时的四天（或以上）排列，随后出现的第一天逆趋势行情，则经常代表趋势变动的顶部或底部。

——维克多·斯波朗迪

　　进行与众不同的投资吧，做一个逆向投资者。当股价上涨时避免过于看涨。当几乎所有人对前景都不乐观时，他们可能错了，前景会越来越好，当几乎没有人担忧时就是该谨慎小心的时候了。

——安东尼·波顿

只有少数人能投机成功，关键在于与众不同，并相信自己：我知道，其他人都是傻瓜。

——安德烈·科斯托兰尼

要学会花很多时间来研究，并不急于买入。在一个连续下跌的市场环境中，不要过快地买入那些不熟悉的股票。

——菲利普·费雪

这是投资者都明白的投资法理，一旦进入操作中，很多人在贪婪的驱动下总会反向而为。抄底是每个投资者都希望拥有的投资绝技，但如何发现一个合适的买点几乎是每个投资者常为此苦恼的问题。

——吉姆·罗杰斯

前言　抄底是门学问，看高手是如何抄底的

　　每当市场或个股出现回调，交易者脑海里便会浮现这样一个问题：是不是该进场抄底了？事实上每一次下跌的确不乏进场抄底者，只是有人这样做真的赚了大钱，有人换来的却是一次又一次的损失甚至被套牢。

　　成功地抄底是衡量一个交易者操作水平高低的重要依据。优秀的交易者总是能把握好进出的时机，尽管他不一定抓住最低点。与其相反，其他人却通常容易踩反步点，买在最高点而卖在最低点，亏损必然惨重。

　　华尔街的风云人物吉姆·罗杰斯说过："这是投资者都明白的投资法理，一旦进入操作中，很多人在贪婪的驱动下总会反向而为。抄底是每个投资者都希望拥有的投资绝技，但如何发现一个合适的买点几乎是每个投资者常为此苦恼的问题。"

　　抄底是捕捉安全的投资区域，既无踏空之忧，又无高位套牢之虑，但抄底不慎也会人仰马翻，跌入万丈深渊而不能自拔。

　　在面对瞬息万变的股票市场时，有人通过勇猛抄底一战成名，积累了巨额财富，也有人抄底抄在半山腰，经历惨痛，头破血流。

　　格雷厄姆是巴菲特的导师，证券分析之父，价值投资的鼻祖。1929年9月，道琼斯指数最高上扬到381点，之后开始下挫。10月29日，道琼斯指数暴跌为12%，这一天被称为纽约交易所112年历史上"最糟糕的一天"，这就是历史上最著名的"黑色星期二"。

1929 年 11 月，道琼斯指数最低下挫到 198 点，接着企稳反弹。到 1930 年 3 月，一度上升到 286 点，反弹幅度高达 43%。于是许多交易者认为最坏的时期已经过去了，股市将要大反转。格雷厄姆也如此认为，因而他开始进场抄底。

他抄的都是从价值评估上看很便宜的好股票，为了获得更大的收益率，他还运用保证金进行杠杆操作。然而股市反弹持续到 4 月后又开始暴跌，道琼斯指数在 1930 年下挫 33%，而格雷厄姆管理的基金损失高达 50.5%。到了 1932 年 7 月，道琼斯指数达到最低点为 41 点，从最高点 381 点算起，最大跌幅高达 89%，而同期格雷厄姆管理的基金损失高达 78%，这场超级大熊市几乎让他倾家荡产。

格雷厄姆最后重新东山再起，写出投资圣经——《证券分析》与《聪明的投资者》，总结出一个永恒的价值投资基本法则：安全边际。

1929 年美国股市处在崩溃前的疯狂牛市中，然而费雪发现美国很多产业前景不稳，股市存在严重泡沫。1929 年 8 月，他向银行高级主管提交了一份《25 年来最严重的大空头市场将展开》的报告。这可以说是费雪一生中最让人赞叹的股市预测，可惜的是费雪"看空做多"。他说："我免不了被股市的魅力所惑。于是到处寻找一些还算便宜的股票，由于它们还没上涨到位。"1929 年 10 月美股突然崩溃，费雪也不能幸免于难，在股灾中亏损惨重，血本无归。

费雪开始懂得，决定股票价格的主要因素并非当年的 P/E，而是将来几年的预期 P/E。他说，如果能培养自己的能力，在合理的上下限内确定某只股票将来几年可能的业绩，就可以找到一把钥匙，不但能避免损失，更能赚到大钱。

"抄底"是每个交易者最为可望而不可即的。在别人恐惧的时候，谨慎而又节制的贪婪，走好每一个抄底的节拍，你就可能是抄底之王。

巴菲特总是提前退出大牛市，在大熊市也总是等到极其悲观时才开始进场。前者要克服疯狂的贪婪，后者要克服巨大的恐惧。

股市如战场，尽管身披重甲，也会负伤累累；摸清形势，用对战术，才能攻无不克，战无不胜。

抄底并不是一件好玩的事，抄底说起来只有两个字，然而真正抄到底、抄好底，还是非常需要技术与本事的，抄底很不简单。那么市场中的抄底高手又有哪些不同于一般人的操作思路呢？

抄底指的是以某种估值指标衡量股价下挫到最低点，特别是短时间内大幅下挫时买进，预期股价将会迅速反弹的操作策略。买入最便宜的股票是所有交易者都向往的投资机遇，更是价值型投资者信奉的盈利模式。然而，到底什么样的价格就是"最便宜的"，或者称"底"呢？并没有一个非常明确的标准。抄底通常是对已经发生的在最低点买入的描述，然而很难判断未来什么样的点位是底部。另外，有些股票价格快速下挫并不是由于低估，通常是由于公司基本面的确发生了问题，假如在此时买入，不仅股价不会迅速反弹；相反，在基本面没有明了前还有进一步下挫的可能。投资大师彼得·林奇有句名言，"不要抄底"。意思就是说，若交易者确信在公司基本面没有出现大的问题时股价下挫到合理估值水平之下，就能够考虑购买，而不必企图预期底部。

股市抄底看似非常简单，实际上并不简单，这是由于股市的低点都是相对的，下挫到地板之后还有地下室，跌到地下室后还有18层地狱，而且越跌到低位，杀伤力越大。抄底的交易者大多心态紧张，这是由于谁也不了解底在哪里，唯恐自己抄在半山腰上，像巴菲特这样在低位仍拥有雄厚资金可以抄底的交易者实在是凤毛麟角，许多交易者在此时已经被套得结结实实了，若有抄底资金恐怕也是割肉出来的血汗钱，杯弓蛇影，草木皆兵，心态不可能像巴菲特那么从容。股市大底都是事后回过头来看才明白的，大多数交易者即使抄到了底往往也赚不到钱，这其中的学问值得探究。

本书介绍十大真正抄底高手（沃伦·巴菲特、约翰·邓普顿、大卫·泰珀、彼得·林奇、维克多·斯波朗迪、安东尼·波顿、安德烈·科斯托兰尼、是川银藏、缠中说禅、王亚伟）的操作技巧和盈利法则，这些抄底高手们的经验教训，投资者或许可以从中得到启发。

编者QQ：963613995；微信号：qian15201402522。

编　者

目　录

第一章　沃伦·巴菲特抄底的秘诀

人物简介

沃伦·巴菲特（Warren Buffett），是有史以来最伟大的投资家，他依靠股票、外汇市场的投资成为世界上数一数二的富翁。在他担任伯克希尔·哈撒韦公司董事会主席与首席执行官的 37 年里，公司市值以每年超过 25% 的复合增长率上升。他倡导的价值投资理论和逆向投资法风靡世界。美国《纽约时报》（2006 年）评出了全球十大顶尖基金经理人，巴菲特被称为"股神"，排名第一。在 2008 年的《福布斯》排行榜上财富超过比尔·盖茨，成为世界首富。

巴菲特于 1930 年 8 月 30 日出生于美国内布拉斯加州的奥马哈市。他没有从父母那里继承一分钱，仅凭自己的股票投资，他今天的身价便超过了 580 亿美元。

投资策略及理论：以价值投资为根基的增长投资策略。看重的是个股品质。

理论阐述：价值投资的精髓在于，质好价低的个股内在价值在足够长的时间内总会体现在股价上，利用这种特性，使本金稳定地复制增长。

具体做法：买入具有增长潜力但股价偏低的股票，并长线持有，是长线投资者致富之道，在于每年保持稳定增长，利用复式滚存的惊人威力，为自己制造财富。

对大势与个股关系的看法：只注重个股品质，不理会大势趋向。

对股市预测的看法：股市预测的唯一价值，就是让风水师从中获利。

对投资工具的看法：投资是买下一家公司，而不是股票。杜绝投机，当投机看起来轻易可得时，它是最危险的。

抄底名言：股市大涨时反贪，及早退出股市；股市大跌时反恐，趁机抄底捞便宜；大跌大买，越跌越买，而不是割肉离场。

一、巴菲特抄底战役

巴菲特一共遭遇过四次股市暴跌，其中三次标普 500 指数跌幅达到半数。每一次股市暴跌前一两年，巴菲特便提前退场，根本不参与最后一波行情，而是冷眼旁观别人在股市中搏傻。等待股市跌透了，他再悠然自得地大规模入场，去捡拾原先看好的股票。

第一次，1973 年 1 月至 1974 年 10 月大跌 50%

1973 年 1 月 11 日，S&P500 指数最高达到 121 点。1974 年 10 月 4 日，S&P500 指数最低为 60 点。

股市暴跌，如同发生火灾似的，所有人都想迅速逃离，都是不计成本的，低价抛出。

巴菲特却很淡定，十分从容出手，大胆买进。

他早在 1969 年 9 月便退出股市，接着一直抱着现金，等着估值过高的股市暴跌。连他自己也没料到，尽管一年之后的 1970 年 5 月 26 日股市最低下跌至 68 点，然而又很快反弹，接连上涨两年之多，1973 年 1 月 11 日，S&P500 指数最高达到 121 点。然后才开始下挫，一直至 1974 年 10 月 4 日，S&P500 指数最低达到 60 点。巴菲特等着暴跌，一等便是 5 年。

等了这么久，终于到了出手的时机。巴菲特在接受媒体采访时说："我觉得我就像一个很好色的小伙子来到了女儿国。投资的时刻到了。"

这一次巴菲特面对大跌的启示是：不要低估市场的疯狂，高估值持续的时间可能相当漫长，等着市场恢复理性的过程不会一帆风顺，其间必须要淡定，有耐心，因为可能要等上几年。

第二次，1987 年 8 月至 1987 年 10 月大跌 36％

此次股市下跌得快，反弹也迅速，结果巴菲特只能遗憾没有时间"让子弹飞"。面对大跌匆匆而来又匆匆而去的投资机会，巴菲特依然很淡定，由于他相信下一次机会还会来临，只要耐心等待。

在 1987 年度致股东的信中，巴菲特回顾暴跌：

"对于伯克希尔公司而言，以往几年股票市场上实在没有发现什么投资机会。1987 年 10 月，的确有几只股票跌到了让我们感兴趣的价位，不过还没有买到对组合具有影响意义的数量，它们便大幅反弹了。"

"至 1987 年底，除作为永久性的持股与短期套利的持股以外，我们没有其他任何大规模的股票投资（5000 万美元之上）。但是你们可以放心，市场将来必然会提供投资机会，而且一旦机会来临，我们十分愿意也有能力好好把握住。"

此次巴菲特获得的启示是：有时大跌来也匆匆去也匆匆，让你很难抓住抄底良机，为此同样要淡定，不要因试图把握住每一次机会而自责甚至投资行为失控。

大跌之后第二年机会来了，巴菲特开始大量买进可口可乐，至 1989 年，两年之内买入可口可乐 10 亿美元，1994 年持续增持后总投资达到 13 亿美元。1997 年底巴菲特持有可口可乐股票市值上升到 133 亿美元，10 年获得了 10 倍的利润。

第三次，2000 年 3 月至 2002 年 10 月大跌 50％

巴菲特早已预言，科技网络股推动的这波股市大涨后泡沫一定会破裂。虽然股市三年跌了一半，巴菲特却并不急于抄底，由于他想买很多股票还不便宜。

2002 年度致股东的信中，在大跌以后，巴菲特仍然很淡定：

"在股票投资方面，我们依然没有什么行动。查理跟我对于伯克希尔公司当前主要的持股感到越来越满意，由于这些公司的收益在增长，而与此同时市场对其估值却进一步下跌。"

"不过目前还无意增持这些股票。尽管这些公司的前景良好，然而我们并不认为其内在价值被市场低估。"

同样的结论也适用于很多的股票。虽然股市连续 3 年下挫，从而极大地增加了股票的吸引力，然而只有极少的股票能让我们稍有兴趣而已。这一让人不快的事实刚好表明了在大泡沫时期股市对于股票的疯狂高估。不幸的是，狂饮的酒越多，宿醉的夜越长。

查理跟我目前对于股票退避三舍的态度，并不是与生俱来的。我们喜欢拥有股票，假如是以具有吸引力的价格买入的话。

"在我 61 年的投资生涯当中，其中大概有 50 年中都有如此的机会出现。将来也一定会有很多类似的好年份。然而，除非发现至少能够获得 10%的税前收益率的概率很高时，否则的话我们宁可闲坐在一边观望。"

2003 年巴菲特终于开始出手，购买中石油。2005 年大量购买，投入股市资金规模从 2002 年底的 90 亿美元猛增至 160 亿美元。

巴菲特第三次面对大跌的启示是：大跌之后有些股票未必便宜，抄底也要淡定。因为尽管是股市暴跌一半，并不表明你想买的股票也暴跌一半，并且有些股票尽管大跌一半也未必便宜。

第四次，2007 年 10 月至 2009 年 3 月大跌 58%

在市场恐惧气氛最大之际，2008 年 10 月 17 日，巴菲特在《纽约时报》上发表文章并公开宣布：我正在购买美国股票。

在文章中他又重申其投资格言：在别人贪婪的时候恐惧，在别人恐惧的时候贪婪。

他在 2009 年度致股东的信中说大跌时要贪婪到用大桶接："这样巨大

的机会极其少见。当天上下金子时，必须用大桶去接，而不是用小小的指环。"

巴菲特以往两年接金子的大桶有多大呢？2008年之初，我们拥有443亿美元的现金资产，此后我们还留存了2007年度170亿美元的营业利润。但是，至2009年底，我们的现金资产降到了306亿美元（其中80亿美元指定用来收购伯灵顿铁路公司）。

巴菲特之所以能在金融危机的暴跌中这样淡定地大规模投资，关键在于他对价值投资的坚定信仰："以往两年对真正的投资者而言是最理想的投资时期，恐惧气氛反而是投资者的好朋友。那些只在按照市场分析人士做出乐观分析评价时才买入的投资者，为了毫无意义的保证付出了严重过高的价格。最后在投资中起决定作用的是你支付的价格和这个公司在未来十年或者二十年的盈利之间的差额，无论你是整体收购，还是只在股市上购买这家公司的一小部分股份。"

巴菲特第四次面对大跌的启示是：大跌越狠，抄底越狠。

巴菲特说，投资最重要的就是理性。

然而股票操作中，最难的则是保持理性，特别是在暴涨和暴跌中。

巴菲特之所以能在很多投资者中脱颖而出，成为股票操作大师，除会挑选品种之外，还与成功抄底密不可分。在巴菲特的投资生涯之中，经历过很多次股市大跌，也把握了很多次抄底机会。

巴菲特在股市大跌时采取的措施主要有三条：一是精心地挑选投资行业。只要净资产远远超过股价就购买。二是进行价值波段操作。他首先通过上市公司的整体价值计算出每股的内在价值，之后与股价进行比较。假如内在价值大大高于股价就买，接着在股价高涨时抛出。三是只用闲钱进行投资。尽管面对那些预期未来10年内能上涨100倍的大牛股，巴菲特也坚持只用闲钱投资，亏损了就等机会。

二、巴菲特抄底指标的使用方法

巴菲特认为美股最好的指标，是美股市值与美国国民生产总值的比率，即为"巴菲特指标"。巴菲特把它称为衡量估值情况的最好单一指标。

衡量一个股市的价值，可以运用许多方法来进行验证。而最根本的四种方法，则是：①本益比；②周期性调整后的本益比；③股价净值比；④股息收益率。

然而巴菲特应用了另一种较少见的估算方法，被称为巴菲特指标，即为将股市总市值除以 GDP，从而衡量股市是过冷还是过热。

通常来说巴菲特指标高于 100% 则表明股市过热，低于 50% 表明了股市被低估。

尽管这个方法看起来既简单又有点草率，然而背后的逻辑其实很合理，由于一家企业在长期来说，确实不可能高过一国的经济产出。

巴菲特于 2001 年接受 Fortune 专访时曾说："这极可能是任何时间点都可以应用得最好的估算方法。举例来说，例如 2000 年互联网泡沫时，这一指标曾飙涨到前所未有的水平，可见它提出了一个极其强烈的警告。"

下面详细地介绍巴菲特抄底指标的使用方法：

1. 巴菲特是如何辨别股市底部的

大家都知道巴菲特的一句名言：在市场血流成河时买入，在市场狂欢中抛出。有趣的就是历史上每逢美国股市大底，巴菲特总是将手中大把的现金，进行大举建仓，最终赚个盆满钵满。一个价值交易者，操作时只根据估值，从来不相信能预测到股市走势，结果却反而比投机者更"稳、准、狠"。巴菲特在识别底部区域的经验与认知上，必然是有他独到的东西的。

以为价值交易者不关注这些抄大底的机会，是完全错误的。巴菲特通常嘲笑学院派教授关于资金成本的概念，他们认为投资中非常重要的是机会成本。巴菲特多次反思他与芒格在投资中所犯的错误，以为他们这辈子最大的投资错误，就是错过了多次能把握住却没有把握住的赚大钱的机会。巴菲特与芒格对于人性弱点的把握，也是顶尖的高手。他们懂得尽管市场大部分时间处于合理区域，然而市场时不时地会摇摆到两个极端——当市场摇摆到大幅低估时，要能够识别出来，同时手中还要有大量的现金。

他手中通常持有大量的现金，强调目的则是在耐心等待人性弱点的爆发，例如类似 2008 年这样的机会。这点与市场投机者所说的炒股要懂得适时持有现金、不可天天混在市场里，好像有点异曲同工之妙——当然两者完全不在一个级别层次上。

从巴菲特长达半个多世纪的投资历史来看，每次股市底部来临之际，他都能够把握得非常好。按照 GMO 主席格兰桑的说法则是，巴菲特每次总是于六点钟准时醒来。敬佩之余，探讨一下巴菲特是怎样识别底部区域的，对于我们的操作，一定会有很大的帮助。

2. 判断股市底部区域的一个简单指标

第一，应该注意到一点，巴菲特每次大举抄底的时候，并不以为明天股市就开始反转上行——他从来不这样认为，也从不关心股市何时开始反转。事实上，他内心其实是希望股市不要上涨的——这样他就能够买到更多的便宜货，由于他属下的公司，每天都为他创造现金。他说买入股票，假如股票下跌是好事，根本原因就在于这里。当然对于已经全仓抄底的交易者，已经将子弹打光，最好当然是明天就开始一路上扬。

第二，巴菲特向来就是一个"股市走势不可知论者"，他以为影响股市走势的因素很难预测，股市走势也很难预测。他在 1994 年致股东的信中说道："30 年来无人能正确预测到工资以及价格管制、两次石油危机、美国总统辞职下台、苏联解体、道琼斯指数在一天内大跌 508 点、国库券利率在 4%~12%大幅度波动。这些重大事件很难预测到，股市走势又难道能够预测到！"

然而他在每次大底时，却总是"稳、准、狠"。又是何原因？没错，是估值，除了估值还是估值。巴菲特操作的根本出发点就是估值。他一直强调其操作只有两个要点：一是准确计算出公司的内在价值；二是正确对待市场的态度。半个多世纪以来他一直埋头于估值，甚至当有人想出售他的私人公司时，巴菲特"5 分钟内我们就能够报出价格来"。整个市场高估还是低估，低估有多大幅度，他心中是一清二楚的，剩下的则是出手的时机了。而他正好对人性的弱点把握得很好，因此每次时点把握得都很好。

然而一般交易者基本上没有估值的能力，那应该怎么办？巴菲特提出了一个相当好的指标。他分析了以往 80 年来美国所有上市公司总市值占 GNP 的比率，发现了这样的规律："假如所有上市公司总市值占 GNP 的比率在 70%~80%，那么买入股票长期来说可能会让投资者有相当不错的报酬。"

他认为，在任何时候衡量股市估值水平的最好单一指标，极可能就是股市总市值与 GNP（国民生产总值）的比率。假如股市总市值与 GNP 的比率超过 100%，则意味着应当对普通股开始采取谨慎态度。

在 1999 年至 2000 年中的一段时间，这个比率已经接近 200%，这是一个极强烈的警告信号。巴菲特这时警告美国投资者说，在此时购买股票简直就是在玩火自焚。

在 2007 年美国住房市场与信贷泡沫破灭时，该比率达到 135%。可是在 2009 年 3 月，股市总市值与 GDP 的比率回落到 73%的水平时，购买股票的时点来到了。巴菲特在此时多次呼吁"现金换成股票"。他根据的就是这项指标。

图 1-1 是从 1950 年到目前巴菲特指标的走势，巴菲特指标历史中值是 68.4%，而当前该指标已经达到夸张的 124.7%，几乎达到历史中值的

2 倍，比 2009 年股市低点的 62.3% 翻番。而 2000 年这个指标曾达到 153.5%，接着美股大崩盘，科技网络泡沫完全破灭。

从图 1-1 能够清晰地看出，20 世纪 90 年代末美股疯狂上升，巴菲特指标斜率很陡，简直是直线上涨，目前这波涨势虽然赶不上那次崩盘前的疯狂，但斜率也非常陡，完全就是加速赶顶的节奏了。

图 1-1　巴菲特指标的走势

诺奖得主 Robert Shiller 提倡的周期调整市盈率也反映了与巴菲特指标一样的结果，这个指标用 10 年的平均盈利替代普通市盈率的过去一年盈利来计算，平滑了经济周期对估值的影响，现在数值高达 26.16，而自 1880 年以来的历史均值只是 16。

图 1-2 显示，当前的市盈率对比均值已经明显出现泡沫，此外美国股市历史上有 3 次周期性调整市盈率前期超过了 25 倍，而这三次都造成市场大崩盘，分别是 1927 年、2000 年以及 2007 年。当然，比起 2000 年的 45 倍，当前才 26.17 倍，这也是巴菲特指标更具有说服力的原因吧。

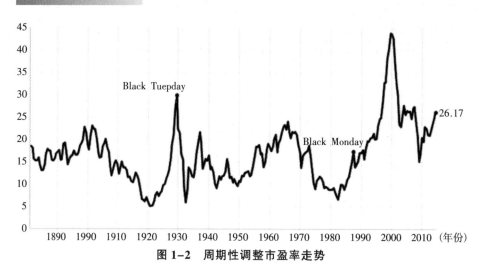

图1-2 周期性调整市盈率走势

假如用这个指标来预测 A 股，应该考虑到如下三个方面：

一是 A 股是审批制，不是你想上市就上市，必然在计算这个总市值/GNP 比率时，分子这一项，严重失真。

二是腾讯和新浪这样在国外上市的公司，其市值要不要计算进去？答案一定是肯定的。因此看到中国国内有投资者和学者按照巴菲特这个指标，简单地计算出一个结果，接着得出一个投资结论，的确让人哑然失笑。

三是当无风险利率发生较大改变时，是否仍然适用？遗憾的是，巴菲特没有提及这点，然而我认为答案是肯定的。例如，美国无风险利率从之前 6% 左右，下跌到目前的 3% 左右，并在将来维持较长一段时间，则这个比率的中轴应当有一定的提升，才是合理的。

此指标在判别 A 股市场是否严重低估的时候，并不太准确。然而拿来判别股票市场是否严重泡沫时，却有一定的指示意义。例如 2008 年 1 月底，A 股总市值/GDP 的比率是 130%。考虑到在国外上市的公司的市值并没有计算在内；考虑到如中国经济中最自由竞争也非常庞大的一个行业——餐饮业，几乎没有公司上市；再考虑到华为、农行以及中国南车北车这样的大公司都没有上市，事实上当时 A 股总市值/GNP 比率，应当是远超 130% 的，甚至不排除超过 200%。

3. 抄底逃顶最终还是要看估值

热衷于抄底和逃顶，也认为炒股逃顶才能赚大钱的一般交易者，仅仅看到巴菲特抄底这一点，并不能真正了解巴菲特对于抄底与逃顶的投资理念。可以这样说，巴菲特心中只有估值，而没有底部与顶部的概念。

例如 2000 年美股互联网泡沫，他屡次通过媒体发话：泡沫一定破灭。然而他自己却全满仓。这是什么原因？原来由于 2000 年时，"触网"的个股尽管严重泡沫，传统公司却被低估。大多数交易者即使很看好传统公司，因担心泡沫破裂，危及其他个股，大多数人都会等待泡沫破灭后再说。然而巴菲特心里真的只有估值，他满仓购买那些严重低估的传统公司——实际上也证明了他的正确：2000 年互联网泡沫破灭之后，互联网公司市值大幅下挫，而巴菲特持股的公司的市值却翻了个倍。

第二次就是 2007 年的金融危机。在 2008 年股东大会上，谈及选择未来接班人时，巴菲特和芒格均强调一点：假如这个人尽管准确预测到了股市泡沫要破裂，接着将股票清空。这种接班人，我们是绝不会考虑的。相信当时参加股东大会的投资者，都会很纳闷：明知道泡沫将要破灭，为什么不能先清空股票出来等着捡便宜货呢？

巴菲特与芒格已经预测到了 2007 年这次危机迟早要爆发，然而危机前巴菲特并没有减持可口可乐、美国运通、IBM 和富国银行的股票，这些股票当时均是他的重仓股，几乎每个都超过或者接近了百亿美元。事实上，历年每次泡沫之前，巴菲特均没有明显地大规模减持股票，除了 1969 年唯一的一次。那一次他清空了股票，解散合伙公司，将资金归还合伙人。

以上则是巴菲特对待股市底部与顶部的态度。

三、并不需要精确地"抄底"

每次市场暴跌，就有很多交易者开始热议"抄底"，而且这好像总是大部分交易者孜孜以求的美事。其实许多交易者之所以热衷于"抄底"，通常存在一个想当然的逻辑，即只要能够在底部买入、顶部卖出就能够战胜市场，取得最好的投资绩效。

很可惜的是，凡是"大底"真正出现之际，却很少有人能真正猜中并热烈拥抱它。实际上，依靠股票操作而荣登世界首富的巴菲特，则是一个从不喜欢刻意"猜底"与"抄底"的人。

巴菲特曾说过这样一句意味深长的话："模糊的正确大大胜于精确的错误。"即是说在对股市判断的态度上，我们与其追求一个"精确的错误"，倒不如争取一个"模糊的正确"。

那么什么是"模糊的正确"？巴菲特的老师曾经做出一个形象的比喻："在短期内，市场是一台投票机，但在长期内，它是一台称重机。"他告诉大家，假如将眼界放宽，我们就会看到，经济始终是在发展进步，作为经济的"晴雨表"，没有哪一国的股票市场不是在曲折中向上发展的，而这就是"模糊的正确"。

每次重大危机中，当巴菲特买入的时候，刻意寻底的投资者通常都会讥笑他"买高了"或"被套了"。然而他从不会为这气馁沮丧而始终坚持自己的判断，由于他懂得精确的底部根本无法预测出，他所选择的则是一个"模糊的正确"，而大多数人却自作聪明地选择了"精确的错误"。

从具体操作上来说，巴菲特并非善于"抄底"，甚至往往属于一买入即被"套牢"一族。根据统计数据表明，巴菲特所投资的股票高达90%以上均是刚买入就遭遇被套，尽管是被世人公认最成功的对可口可乐公司的投资，巴菲特当时在买进之后不久也被套牢了30%。例如，巴菲特1973年刚开始买入华盛顿邮报股票的时候，美国经济处于低迷，道指下挫了40%，华尔街的投资家们认为买进的风险太大。实际上，华盛顿邮报的股价两年之后才回到巴菲特的成本价。但是这有什么要紧呢，华盛顿邮报后来同样使得巴菲特大赚特赚，他一直持有至今。

综合上面几个例子，这样耗时长久通常被套的"操盘"业绩，也许在A股市场某些快速进出的交易者看来可笑至极。然而问题是，为什么在习惯追求抄底的交易者看来操盘水平如此之差的一个人，最后却成为全球市场独一无二的"股神"呢？追根究底，巴菲特具有解读以及把握市场长期趋势的能力。尽管他从来无法准确获知底部究竟何在，然而他通常能够把握到市场下跌的趋势是否已经开始改变，然后就逐渐开始进行长期的"买入并持有"，耐心等着反转上涨趋势的来临。

市场的短期风云变幻多端，底部到底在哪里，也许只有上帝知道。巴菲特不抄底，他只追求模糊的正确而拒绝精确的错误，依靠长期持有来获得胜利。长期投资者完全没有必要在抄底问题上投入太多的时间和精力，只要你能够控制好自己的心理情绪，敢于在相对底部买进并坚持长期持有，就有希望在将来获得合理的回报。成功的股票操作就是这样的。

四、巴菲特抄底股票准则

2008年，巴菲特在接受CNBC电视台采访时说："我已经观察通用电气这家公司非常久了。目前的市场为我们提供了大量的投资机会，而这在6个月或是一年之前是无法想象的。"

巴菲特的投资通常是在股价大幅下挫之后进行的。据了解，通用电气将近一半的收入来源于旗下金融子公司。之前投资者担心通用电气在这个风雨飘摇的市场因规模太大而无法左右自己，股价已大幅缩减了42%以上。

为何在金融危机期间巴菲特要进行大规模的投资？巴菲特于2008年10月1日在接受媒体采访时说道："目前的股价显得很合理。当别人都感到害怕时，投资机会就已经到来。"

这好像是巴菲特一贯的投资准则。Edward Jones & Co. 公司的分析师TomKersting认为："巴菲特紧紧抓住了当前这个投资机会。其投资哲学总是保留一些实力。如此一来，他就能够在像目前这种机会来到时有充足的资金完成任何交易。"

作为世界级股神，巴菲特的投资通常具有独到之处。大家记忆犹新的是，从2002年到2003年，巴菲特旗下的伯克希尔·哈撒韦公司，以每股1.65港元的价格，花费4.88亿美元购买在中国香港上市的中石油13%的股票，成为它的第三大股东。

此后只有半年时间，中石油身价就大涨。然而巴菲特并没有见股价上涨就兑现，而是持续持有。到了2007年7月，随着本轮A股牛市持续创出新高，H股逐渐进入高潮。巴菲特便考虑减持中石油。这时候，中石油将从H股高调回归A股市场，各投行都调高中石油估值，巴菲特却开始接连8次抛出，在12港元左右把自己及伯克希尔·哈撒韦公司持有的中石油股份全部出售完。

在4年多的时间内，巴菲特在中石油上收益率将近达到7倍。就在巴菲特盈利35亿美元后抽身而去的时候，中石油股价一路飙涨至18港元左右。市场有评论说，"看来股神也有失算的时候"。

但是之后不久开始的H股、A股接连暴跌，将中石油股价打回了低点，自此无人再怀疑巴菲特是否抛错中石油。

一位研究巴菲特的资深投资者说："我是越来越崇拜巴菲特了。"巴菲特在半个多世纪的投资实践中形成了一门投资的学科。

巴菲特整个财富的积累过程就是一个漫长的循序渐进的过程。1930

年出生的巴菲特，43 岁时只有 3000 万美元，44 岁时有 1900 万美元，由于那一年的股票市场暴跌，他持有的股票下跌至 1900 万美元。他 50 岁时有了 1.4 亿美元，刚好成为亿万富翁。他当 10 亿富翁时是 66 岁，上百亿美元时他已经 70 岁了，接着这几年财富连续往上走。巴菲特于 2008 年以 620 亿美元总资产占据《福布斯》富豪榜第一。

巴菲特的财富为何会有如此增长？这与他价值投资的方法有相当大的关系。

巴菲特主要投资方法就是，集中投资，并长期持有。巴菲特 70% 的投资集中在四个到五个上市公司上，主要是可口可乐、吉利、美国运通、华盛顿邮报，并且是长期持有。

为何巴菲特对这几个上市公司情有独钟？

巴菲特于 1973 年购买华盛顿邮报的股份，买入时花了 1100 万美元，到 2007 年底市值高达 13 亿美元。

巴菲特与华盛顿邮报渊源极深，他小时候第一份工作是卖报纸，而且卖的就是华盛顿邮报，因此他对报纸极感兴趣，他一直在研究这张报纸，研究到 43 岁才开始购买其股票。

那时候，巴菲特认为华盛顿邮报的内在价值有 4 亿美元，接着他花了 1100 万美元买入"这么好的东西"，并且现在还一直持有。

另一个与巴菲特很有渊源的公司是可口可乐。卖可口可乐则是巴菲特小时候第二份工作。巴菲特的父亲与爷爷有一个巴菲特杂货店，杂货店主要是卖可乐的，他幼年就去卖可乐。然而巴菲特一直到 1989 年才购买了可口可乐的股票，平均价格为 1.65 美元。

为何到 1989 年才购买？巴菲特一直不断地跟踪可口可乐，他认为它的股票价格一直在价值以上，因此就没有买入。一直至 1989 年可口可乐发生一个大型的事故，推出一个新型的可乐，结果这个可乐失败了，让其股价受到很大的打击，因此这时候他买入可口可乐股票，一共买入 12 亿美元，持有 8% 的股份，而目前的价值为 122 多亿美元。

巴菲特说,一个人要想在股票操作长期成功,并不在于你能力有多大,而在于你的边界要很清晰,就是你明白什么是企业,你真正看清楚了那个企业。你之所以失败,其实相当大程度是你跨出了你的能力边界去做事,跨出了你了解的企业去投资。这个了解不是简单的了解,必须要长期研究,将其产品、竞争对手、客户、竞争优势以及各个方面研究很透。

那么,在巴菲特眼中什么样的公司才是值得投资的公司?

第一,要有独特的竞争优势,事实上这样的企业是极少的。

第二,要有一个杰出的管理团队。巴菲特说,"管理团队的 CEO 应该是要我信任的、我喜欢的和我佩服的,假如有独特竞争优势,再加上杰出的管理团队就会成功。"

第三,还要有一个吸引力的价格。这是最重要的一点,这是巴菲特从他的老师格雷厄姆学到最重要的一点,这也是巴菲特不管是收购企业还是买入股票最重要的东西。

有吸引力的价格,巴菲特的定义是买公司的价格要低于内在价值,内在价值就是公司未来价值折现到现在应有的价格。然而对公司未来的预测实际上是见仁见智,但如果公司不在你的能力范围之内,你是预测不了这个公司未来的。

内在价值减去目前的价格,这个数值越大,则意味着你的安全空间越大。巴菲特说,你买它的最大价格通常不能超过它内在价值的75%,这样你就有25%的安全空间或是安全限度。这就是安全空间理论,就是要在你的能力圈内选你投资或是收购的企业,接着预测它的未来,算出其内在价值,此后可以干什么呢?则是等待,等着有一天价格低于价值了,你便买入,就好比巴菲特等待可口可乐的价值低于价格的75%以下,他等到了1989年。

安全边际,共同的主旨就是在寻找公司股票的内在价值与市场价格之间的差异——套利。巴菲特将投资的风险看作公司内在价值遭遇的风险，而绝不仅仅是取决于股票价格可能出现的波动。投资风险与交易者的投资时间是密切相关的。时间就是好公司的朋友，也是坏公司的大敌。同时，那些从事短线炒作的投机者事实上是所冒风险最大的人。

相对于有限的股价安全边际，巴菲特发现的是更强有力的基本面安全边际，包括特许经营权、确定性、持续成长、行业特性等基本面为我们提供了更大的安全边际。

巴菲特投资的大多数公司具有特许经营权。拥有特许经营权的公司有几种：行政垄断、品牌垄断、自然垄断等。

假如股票基本面持续恶化，原先的安全边际便会消失。

五、在股市下挫过程中，分期建仓是一种策略

股市在大幅下跌，将要见底还没有见底的这一阶段是最折磨交易者的，假如买入股票，股市继续下跌就会被套，实在是冤枉；若不买入股票，股市就此止跌，见底回升，少了在低位补仓摊平成本，减少亏损的机会，这样又不甘心。因此，我们就要学会一种建仓方法来解决这个难题。

沃伦·巴菲特认为，股市下挫过程中的分期建仓没有最低，只有更低。分期建仓并非讲究是否到了一个最低点位，它首先是一种策略。

巴菲特于1996年年报致股东的一封信中说，即使是最没有水平的证券分析师或其主要竞争对手，都必须承认可口可乐公司和吉利公司将来仍然会在各自领域独领风骚。

巴菲特的意思就是说，像可口可乐和吉利公司这样的股票，交易者可以"永恒持股"，每次股价下挫都可以分期建仓，何时买入都是正确的。

在2008年抄底金融海啸过程中，巴菲特并没有寻找到像可口可乐公司、吉利公司这样的股票，然而他以另一种方式，即投资优先股的方式，

在高盛集团、通用电气股票身上变相实现了他所希望的效果。

2008 年 9 月 23 日，美国最大投资银行高盛集团对外宣布，伯克希尔公司投资 50 亿美元买入了该公司的优先股。

受金融海啸影响，那时候的高盛集团正在从美国第一大投资银行蜕变为第四大商业银行（按资产计），因此在这个基础上，还必须通过公开发行普通股融资 25 亿美元。如此一来，高盛集团的融资总额高达 75 亿美元。

应该注意的是，巴菲特在此投资的 50 亿美元高盛集团公司股票，以及接着在 2008 年 10 月 1 日投资通用电气公司的 30 亿美元股票，均是永续优先股，两种永续优先股的年股息率均为 10%。

在以往，大多数中国投资者都不知道什么是优先股。所谓优先股就是指投资者享有某些优先权利的股票，它有着股息率固定、股息分派优先、剩余资产分配优先、通常没有表决权的特点。从此点上来看，巴菲特买入的这种优先股，不仅具有普通股的某些特性，而且又具有某些债券性质，可以保证他获得投资可口可乐、吉利公司一样的稳定回报。

所谓优先股的年股息率为 10%，事实上表明这种永续优先股相当于年息 10% 的可转换债券。巴菲特投资高盛集团、通用电气公司，最重要考虑的就是股息率固定、股息分派优先等条件，而且能够在一定期限内按照确定的价格转换成公司普通股。

在中国股票市场上，投资者看到的均是普通股，与巴菲特买入的这种优先股则是两种类型的股票。而机构投资者在购买优先股时，往往会和上市公司协商一个分红比率，例如上面所说的 10%。

优先股与普通股不同，它就是一种固定收益性质的投资。不管该公司盈利状况如何，只要公司不破产，就可以每年获得固定投资回报。优先股与普通股相比优先得到分红，优先股分红完之后才轮得上普通股分红，普通股分红完之后才轮到投资者分享利润。优先股获得的收益是固定的，例如 10% 就是 10%；而普通股的分红则是不固定的。普通股尽管要在优先股之后分红，然而有可能会比优先股的分红比率更高，当然也可能更低。具体如何，必须要看上市公司的经营业绩。

优先股的收益则是固定的，从此点上来看有点像债券；然而它与债券不同的是，债券是有期限的，而优先股是永续的，简单来说没有期限。优先股能够享受分红，从此点上看有点像普通股；然而它与普通股不同的是，普通股能享受公司发展带来的成长收益，而优先股只可以享受固定收益；而且普通股拥有投票权，优先股却没有。

简明扼要来说，巴菲特购买这样的股票之后，不仅可以选择永远持有，每年享有 10% 的利息；而且还可以选择在适当的时候，将它换成普通股。

若大家没有看懂这一点的话，看到巴菲特在分期建仓过程中所购买的这些股票价格下挫后就嘲笑他被套了，那就未免不懂得其中奥妙了。由于优先股与普通股是完全不同的两种投资对象，简单地从股价来判断是否被套，可以说完全弄错了概念。

我们必须换个角度看问题，就能够非常清楚：巴菲特若根本不看这两只股票的价格下挫到什么地步，只要这两家公司不破产，而他选择永久持股，则他每年都能获得 10% 的利息。此时，股价越是下挫，这 10% 的年利息相对来说就越高。

又者，假如这两家公司将来真的破产倒闭，优先股在公司清盘的时候，在资产清算分配顺序上还要比普通股高（不过，比公司债券要低）。从此点上来看，一旦企业破产倒闭，优先股的投资风险比普通股要小很多。

退一步来说，现在上市公司发行的债券年利率也不到 10%，从这个角度来看，说巴菲特投资这样的股票是"包赚不赔"也不为过。

总的来说，巴菲特的观点是，分期建仓就是一种策略。只要某一只股票的内在价值已经进入值得投资的区域，而你又认为这样的股票值得永远持有，那么其每一次股价下挫均是分期建仓的好机会。

六、抄底盖可保险公司

巴菲特不但善于抄大势的底，而且还善于抄个股的底，他往往会买入他了解的，而经营陷入困难又不会倒闭的公司。其中最著名抄底个股的案例则是盖可保险公司（GEICO）。

他谈到盖可保险公司时回忆道，（它）是 62 年前为我拔牙提供保险的公司，并说"无论如何不会卖出盖可"。

盖可保险公司创建于 1936 年，创始人为古德温夫妇。创立初期是一家专门为政府雇员提供汽车保险的公司，并且通过直接寄信方式销售保险。1958 年到 1970 年，公司将其保险覆盖人群的范围扩展到像政府雇员们一样谨慎驾驶的专业人士、管理人员、高科技人群和行政事务人员。市场占有率从 15% 提高到 50%，承保利润飙升。下面详解巴菲特抄底过程：

1970 年拉尔夫·吉登接任 GEICO 董事长，而公司的战略却扩展得过了头，公司大规模地扩张，不断增加人员和办公设施，造成经营成本大幅度上升，不仅储备金与保单数目越加不匹配，客户也从原来定位于谨慎而保守驾驶的白领，发展到蓝领和 21 岁以下的年轻人，这样保费的支付比例大幅度上升。1974 年 GEICO 出现了 28 年以来的首次亏损。1975 年第二季度爆出更大的亏损。1972 年，GEICO 的股价为 61 美元，一年后跌去 50%，1974 年继续下跌至 10 美元，当公司董事会宣布预计出现亏损时，股价再次下跌至 7 美元。1976 年股东年会上，拉尔夫被迫下课。之后，董事会选择了旅行者财产事故保险公司 43 岁的保险业老手约翰·拜恩担任新的总裁。此时巴菲特开始购买 GEICO 的股票，他以平均每股 3.18 美元的价格购买了 1294308 股普通股，又在优先股上投资了 1940 万美元。两年后，他再次投资 4700 万美元，以平均每股 6.67 美元价格购买

了 720 万股股票，总共在 GEICO 上投资了 7050 万美元。拜恩的努力使
GEICO 脱离了困境，不到半年的时间，GEICO 的股票就上升到 8.125 美
元，翻了 4 倍。1977 年，GEICO 取得了盈利 5860 万美元，顺利实现了扭
亏为盈。

1980 年，巴菲特又大笔买入 GEICO 的股票，当年斥资 1890 万美元以
每股 12.8 美元购买了 147 万股，总共持有 720 万股，占 GEICO 总股本的
33%，总成本 4713 万美元，平均每股 6.67 元。至 1980 年底，GEICO 的
总市值为 3.1 亿美元，总股数为 2100 万股，股价约为 14.8 元，当年保费
收入约为 7 亿美元，净利润约为 6000 万美元，每股净利润约为 2.9 美元，
年底股价市盈率约 5 倍，巴菲特购买价的市盈率约为 4.4 倍。

1980 年至 1990 年的十年里，伯克希尔在 GEICO 的投资收益增长了大
概 10 倍，年均收益率为 27%。其中，GEICO 公司净利润从 0.6 亿美元增
长到 2.08 亿美元，增长总倍数是 3.5 倍；市盈率从 5 倍增长到 11 倍，增
长的倍数是 2.2 倍；而通过股票回购，伯克希尔的股权占比增长了 40%。
这三个因素共同作用，使得这十年的总投资收益率达到 10 倍，年均投资
收益率高达 27%。

在 1980 年之后的 15 年里，GEICO 不断回购公司股票，使得伯克希尔
的股权占比不断提高。1995 年，伯克希尔的股权占比已经提高至 50%，
并花费 23 亿美元收购了剩余 50% 的股份。之后，GEICO 不断为伯克希尔
贡献免费的保险浮存金用于投资，帮助伯克希尔的资产净值快速增长。

1977 年至 1980 年投资的 4700 万美元，到 1995 年价值约 23.9 亿美
元，约 16 年时间价值增长了大概 51 倍，年均复合收益率约为 28%，在
危机时刻对核心优势的精确把握成就了令人生畏的投资业绩。

保险行业的产品无法做到显著差异化，所以竞争非常激烈，导致周
期性的盈利和亏损，其核心竞争优势在于成本。GEICO 直接销售的商业
模式形成了持续的低成本优势，当保险业供大于求时，各公司竞相压价，
但成本最低的公司仍然能够盈利，成本高的公司遭到淘汰；当市场供求

关系逆转时，成本最低的公司率先复苏。

另外，保险公司的浮存金投资能力也是其核心能力之一。GEICO 旗下负责投资管理的卢·辛普森，拥有令巴菲特自叹不如的高超投资能力，从 1980 年到 1995 年的这段时间，GEICO 保险资金的年平均投资报酬率高达 22.8%，同期标准普尔 500 指数只有 15.7%。

巴菲特在这笔投资中赚了多少？巴菲特在后来致股东的信中写道：1996 年，我们以 23 亿美元的价格购买了 GEICO 公司 50%的股票，这笔投资随后变成了 46 亿美元。20 年间，巴菲特当初 7000 万美元投资增值超过 50 倍，并且 GEICO 还在增长！

抄底小结：

巴菲特认为，一个公司出现问题的时候，假如分析其商业模式和竞争力并没有改变，而是经营上暂时出现问题，完全能够通过管理来纠正的话，就是一个安全的，具有千载难逢的抄底机会。

对于像盖可保险公司这样的困境反转股来说，最重要的就是分析困境原因，公司的困境就像是受伤，是可以恢复的伤害还是永久性伤害，是否已经丧失了其核心竞争优势？

困境反转股必须要有足够耐心让其跌得够深！

困境反转股抄底是极难的，即使是巴菲特，第一次买入之后离最低价也下挫了约 30%。困境反转股分批买入，当确认反转之后才大量地进行加仓。

七、利用估值法，抄底富国银行

巴菲特认为，投资者在股市下挫之后要控制不受悲观情绪的干扰，而且应当利用这一时机购买优质股票。巴菲特持有很多股份的美国第五大商业银行富国银行，从最大商业银行花旗银行手中抢购第六大商业银行美联银行，从而被他认为"是一笔很好的交易"。

富国银行则是美国唯一一家被穆迪评级机构评为 AAA 级别的银行。可以说，富国银行是全美最好的银行。自 1852 年起，富国银行已成了美国西部信贷服务的标志性企业之一。

回顾巴菲特操作股票经历，成功抄底的事例可以说有许许多多。以非常有名的富国银行为例，巴菲特在认定该公司具备反转特性之后，就一举拿出总体仓位的 40% 进行大胆抄底，并且为此一战成名。

"若我只能将所有的资金投向一只股票，那则是富国银行。"由此得知，巴菲特对银行股的偏好可见一斑。据了解，巴菲特对富国银行的投资最早可追溯至 1989 年，之后不管是 2008 年金融危机期间，还是后来的债务危机，该股都没有被巴菲特抛弃。测算可得，巴菲特在 2015 年第一季度、2014 年第四季度分别增持富国银行 1690 万股和 560 万股。截至 2015 年上半年，巴菲特又增持大约 1000 万股，持股已经超过了 3.686 亿股，并继续稳坐银行第一大股东宝座。

看一看巴菲特的言论，他将几次买股的理由说得非常清楚：1990 年买入富国银行股票是由于该股数月时间股价几乎腰斩。他说："1990 年我们购买富国银行的股价低于每股税后利润的 5 倍。"2009 年富国银行又大跌，巴菲特又增持的时候，再解释说富国银行股价低于每股税后利润的 4 倍。巴菲特说，他评估银行股的方法最主要就是看资产盈利能力，并且要以一种稳健保守的方式来获利。

股价相对每股税后利润的倍数，实际上就是市盈率。

于 1990 年左右，美国西海岸的房地产市场陷入供过于求的困境，美国银行业股价均大幅下挫。富国银行被视为美国最大的房地产贷款银行之一，也无法幸免，其股价在低位不断地徘徊，1988 年至 1990 年底的市盈率分别是 6.5 倍、6.7 倍以及 4.3 倍，市净率分别是 1.4 倍、1.5 倍以及 1.0 倍。

1990 年，富国银行的总资产达到 562 亿美元，净资产是 29.6 亿美元，贷款总额达到 490 亿美元，存款总额是 418 亿美元，利息收入是 23.1 亿美元，非利息收入是 9.1 亿美元，营业收入是 32.2 亿美元，运营成本是 17.2 亿美元，当年贷款减值提取 3.1 亿美元，净利润是 7.1 亿美元，每股净利润是 13.39 美元，每股净资产是 57.4 美元。累计坏账拨备是 8.85 亿美元，贷款拨备率是 1.81%，核心资本充足率是 5.03%，资本充足率是 9.27%。成本收入比是 53.4%，非息收入比是 28.3%，ROA 与 ROE 分别是 1.26% 和 24%。总体看各项指标都相当优秀，而当时股价大约是 1 倍市净率，不足 5 倍的市盈率，如表 1-1 所示。

表 1-1　富国银行 1988~1995 年相关数据

年份	1988	1989	1990	1991	1992	1993	1994	1995
总资产（亿美元）	466	487	562	535	525	525	533	503
净资产（亿美元）	22.9	26.2	29.6	32.7	38.1	43.1	39.1	40.6
贷款总额（亿美元）	377	417	490	440	369	331	364	356
存款总额（亿美元）	330	356	418	429	419	413	385	378
利息净收入（亿美元）	19.7	21.6	23.1	25.2	26.9	26.6	26.1	26.5
非息净收入（亿美元）	6.8	7.8	9.1	8.9	10.6	10.9	12.0	13.2
营业收入（亿美元）	26.5	29.4	32.2	34.1	37.5	37.5	38.1	39.8
运营成本（亿美元）	15.2	15.7	17.2	20.2	20.35	21.62	21.56	22.01
减值拨备（亿美元）	3	3.6	3.1	13.35	12.15	5.5	2	0
净利润（亿美元）	5.1	6	7.1	0.21	2.83	6.12	8.41	10.32
股数（万股）	5543	5445	5155	5208	5529	5566	5106	4860
每股净利润（$）	9.2	11.02	13.39	0.04	4.44	10.1	14.78	20.37
每股净资产（$）	41.4	48.1	57.4	54.0	57.4	65.8	66.8	75.9
每股分红	2.45	3.3	3.9	3.5	1.5	2.25	4	4.6
分红率（%）	27	30	29	8750	34	22	27	23
坏账拨备额（亿美元）	7.52	7.39	8.85	16.46	20.67	21.22	20.82	17.94
贷款拨备率（%）	1.99	1.77	1.81	3.74	5.60	6.41	5.72	5.04
成本收入比（%）	57.4	53.4	53.4	59.3	54.3	57.7	56.6	55.3

续表

年份	1988	1989	1990	1991	1992	1993	1994	1995
非息收入占比（%）	25.7	26.5	28.3	26.1	28.2	29.1	31.5	33.3
核心资本充足率（%）	4.57	4.95	5.03	5.78	8.22	10.48	9.09	8.81
资本充足率（%）	9.15	9.91	9.27	10.19	13.15	15.12	13.16	12.46
ROA（%）	1.09	1.23	1.26	0.04	0.54	1.20	1.62	2.03
ROE（%）	22.2	22.9	24.0	0.1	7.9	16.7	22.4	29.7
净资产比例（%）	4.92	5.38	5.27	6.11	7.26	8.21	7.34	8.07
年底股价（$）	60	74	57	58	76	129	145	216
年底市盈率（%）	6.5	6.7	4.3		17.2	12.8	9.8	10.6
年底市净率（%）	1.4	1.5	1.0	1.1	1.3	2.0	2.2	2.8
巴菲特持有股数（万股）		约85	500	500	635.8	679.1	679.1	679.1

1989 年，巴菲特已经购买了富国银行约 85 万股的股票，每股成本估计大概是 70 美元，市盈率大概 7 倍，市净率大概 1.5 倍。当 1990 年股价进一步下挫后，他又大量买进，年底一共持有 500 万股，占富国银行总股数的 9.7%，接近不必向美联储申报的 10% 上限，其买入成本是 2.89 亿美元，每股成本是 57.9 美元，市净率为 1 倍，市盈率为 4.3 倍。

巴菲特认为富国银行的管理层相当优秀，贷款的风险可控，尽管发生房地产大幅下调的风险，也不会导致大幅亏损甚至倒闭。他认为，富国银行总共有 490 亿美元的贷款，尽管产生 10% 的不良贷款，即不良贷款额为 49 亿美元，这些不良贷款之中假设 30% 的本金收不回来，则损失的本金总额大约 15 亿美元，然而富国银行一年的税前利润加上提取的拨备大概为 15 亿美元，在此情况之下，也可以做到损益两平，而利润下跌只是短期的，对长期投资的现金流影响并不太大。

碰巧的是，巴菲特的最坏打算在 1991 年成了现实。1991 年，富国银行经历房地产市场的大幅下挫，坏账增多，当年提取了 13.35 亿美元的减值拨备，导致净利润接近零，并且在 1992 年继续大量提取了 12.15 亿美元，当然这些提取超过了实际所需，在此后几年又大量缩减了减值拨备提取额。尽管这样，富国银行的营业收入与净资产还在不断上涨，到了1993 年，净利润基本恢复至 1990 年的水平。

巴菲特于 1992 年和 1993 年持续增持了富国银行的股份，1992 年与1993 年增持股份的市净率分别为 1.2 倍与 1.5 倍。到了 1993 年底，巴菲特一共持有 679 万股，总成本是 4.23 亿美元，如表 1-2 所示。

表 1-2　巴菲特 1990~2012 年增持或者减持富国银行股份的情况

年份	伯克希尔持有股数（万股）	持有成本（亿元）	当年买入均价（$）	买入市盈率（%）	买入市净率（%）	持有市值（亿美元）	投资收益率（%）	年底市盈率（%）	年底市净率（%）	备注
1990	500	2.89	57.9	4.3	1.0	2.9	0	4.3	1.0	增持
1991	500	2.89				2.9	0		1.1	
1992	636	3.8	67	15.1	1.2	4.9	28	17.2	1.3	增持
1993	679	4.23	99.3	9.8	1.5	8.8	108	12.8	2.0	增持
1994	679	4.23				9.9	133	9.8	2.2	
1995	679	4.23				14.7	247	10.6	2.8	
1996	729	4.97				19.7	396	16.3	1.8	
1997	669	4.12				22.7	551	19.1	2.3	减持
1998	6360	3.92				25.4	648	25.1	3.1	减持
1999	5914	3.49				23.9	685	15.4	2.9	减持
2000	5507	3.19				30.7	961	20.6	3.6	减持
2001	5327	3.06				23.2	757	22.1	2.6	减持
2002	5327	3.06				25.0	816	14.1	2.6	
2003	5645	4.63	49.3	13.5	2.4	33.2	718	16.1	2.9	增持
2004	5645	4.63				35.1	758	15.2	2.8	
2005	9509	27.5	59.2	13.2	2.4	59.8	217	14.0	2.6	增持
2006	21817	36.97				77.6	210	14.4	2.6	
2007	30341	66.77	35.0	14.7	2.4	91.6	137	12.7	2.1	增持
2008	30439	67.02	25.4	36.3	1.6	89.7	134	42.1	1.8	增持
2009	33424	73.94	23.2	13.3	1.2	90.2	122	15.4	1.3	增持
2010	35894	80.15	25.1	11.4	1.1	111.2	139	14.0	1.4	增持

续表

年份	伯克希尔持有股数（万股）	持有成本（亿元）	当年买入均价（$）	买入市盈率（%）	买入市净率（%）	持有市值（亿美元）	投资收益率（%）	年底市盈率（%）	年底市净率（%）	备注
2011	40002	90.86	26.1	9.2	1.1	110.2	121	9.8	1.1	增持
2012	45617	109.06	32.4	9.6	1.2	155.9	143	10.2	1.2	增持

因富国银行的净资产持续提高，股价并没有下跌，反而逐渐上涨，至1993年底，股价已经上涨了1倍多。不包括分红，1993年底的市值为8.8亿美元，投资收益率达到108%，三年来的年均收益率是26%。

随着净利润的逐步增加，市场也越来越看好富国银行，又加上20世纪末的牛市，富国银行的市净率逐渐提升。至2000年底的时候，市净率达到3.6倍，伯克希尔持有的富国银行股票市值高达30.7亿美元，成本是3.19亿美元，总收益率是9.61倍，10年的年均复合收益率是25.4%。

在市场处于亢奋期，巴菲特从1997年开始减持富国银行的股份，至2001年约减持了1/3的股份，减持期间的市净率是2.5~3.5倍，如图1-3所示。

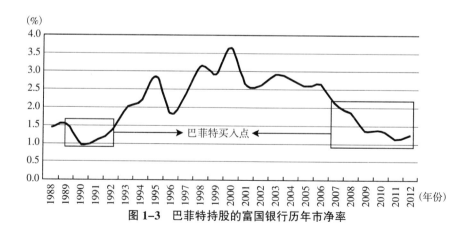

图1-3 巴菲特持股的富国银行历年市净率

自2005年以来，随着富国银行股价估值的降低，巴菲特每年均在增持富国银行的股票，尤其是2008年金融危机之后，增持的幅度比较大。

自 2008 年起，富国银行的股票市净率重新下挫到 1.5 倍之内。

从 1988 年到 2012 年，富国银行的非利息收入占比一直处于增长趋势，1988 年是 25.7%，2012 年是 49.8%，体现出它的竞争优势；此外，富国银行的杠杆率在逐步减小，1988 年的净资产与总资产的比例是 4.9%，2012 年是 11%，这也造成其净资产收益率有所降低。如果未来杠杆率的走势处于反方向，其利润将有大量提升空间，预计伯克希尔持有的大量富国银行股票将获得可观的收益。

巴菲特认为，曾经杰出的公司一旦沉沦，就能够小仓位进行投资，接着等到业绩反转时，再开始一步步地追加投资。毕竟每年最新的季报与年报都摆在那里，因此只要看着公司的业绩一步步反转而一步步加仓，这则是"安全边际"非常高的价值投资方法。

巴菲特抄底富国银行有如下启示：

（1）杰出公司的重要性。巴菲特相当强调"护城河"、拥有高壁垒的公司，富国银行 1989 年以前历史证明，它是一家具有很好管理团队、低成本运作、较高中间业务比重的零售银行。

（2）安全边际的重要性。巴菲特并不是只要是杰出的公司就购买，富国银行这样"杰出的公司"，巴菲特也是等着它出了大问题，股价不断低迷，利润不断地下挫的情况下，PE 为 5 倍、PB 为 1.2 倍之低的"安全边际"情况之下，才大量购买。由此可见，"伟大的价格"对于投资而言更为重要。

（3）怎样避免"价值陷阱"。巴菲特看到 1990 年之后的富国银行，中间业务比例依然持续良好，管理层应对危机的方式得当，公司的"护城河"并没有大幅减少，并且 PE 达到 5 倍之低，将来利润持续低迷的预期已经反映在股价上了，将来盈利是高概率事件，他才敢于大量购买。

（4）耐心地等候。从 1989 年购买之后，富国银行度过了 4 年的低迷期，股价也低迷了 4 年，对大多数人的承受能力来说，是非常痛苦的，也极易对自己的投资决策产生怀疑。假如投资被套牢，大多数人会选择被迫持有，然而巴菲特买入之后，股价大多数时间都是在其买入价之上位置，但并未怎么涨。根据复合收益率来说，这4年的收益率是相当之低的。这一点也体现了巴菲特比大多数人的伟大之处。

（5）大时机的重要性。假如没有1990年美国经济的衰退，巴菲特可能无法等到富国银行被大幅低估的时候，以其投资哲学，也难以去购买一个价值与价格接近的"杰出企业"。因此，美国经济的衰退对于价值投资者而言，是个极其难得的买入时机，可能10年才出现一次这样的最好时机。2008年开始的大衰退时代，也可以是个让价值投资者更加欢欣鼓舞的时代。

（6）什么时候是出售点。从巴菲特抛售部分富国银行的时机选择来说，他认为银行股的PE高于15倍、PB高于2倍的情况下，哪怕是杰出的公司，均属于到达了价值区间，可以择机抛售了，此点也能够看出巴菲特投资风格的保守性。对比我们中国投资者，20倍的PE有时候还以为是低估了。

八、运用左肩法抄底中石油

利用左肩法抄底，就是在判断股价被严重低估但仍在继续下跌阶段就开始悄悄分批买入，并且越跌越买，买完之后就持有不动，一直到判断股价被高估而抛出。简单来说，在判断是底部的区域分阶段买入，无论投资资产短期是否账面缩水，追求的是巨额的中长期投资回报。最知名的案例就是巴菲特运用左肩法抄底中石油。

大多数人忽略了巴菲特的这次抄底。当时的背景是，1999年是巴菲特最难熬的日子，只赚了0.5%，大大落后于大盘21%的涨幅。大家纷纷指责巴菲特的投资策略过时了，网络科技股的时代来了。先知就是先知，此后三年大盘跌了一半，巴菲特不但没亏，反而还赚了10%。与此同时，亚洲金融危机硝烟未散，许多股票跌至荒唐的地步。2003年，巴菲特在仔细研究了中石油年报之后出手，在1.10港元到1.20港元的价格陆续买进11.09亿股中石油H股；随后又以1.61港元至1.67港元不等的价格增持8.58亿股中石油H股，持股量增至23.48亿股，成为仅次于英国石油公司的中石油第三大股东。7年时间里，中石油H股的股价稳步攀升，在2007年6月底达到11.49港元。据不完全统计，4年时间里仅中石油一项投资就为巴菲特取得了超过7倍的收益。

为何巴菲特当时会购买中石油？巴菲特在2007年伯克希尔年报里透露了当时购买中石油的动机。

"当时我们斥资4.88亿美元购买中石油1.3%股权，中石油市值大约是370亿美元，查理和我当时估计中石油内在价值应该是1000亿美元。"

这里面的玄机是巴菲特为何认为当时中石油股价被低估了？又为何巴菲特认为中石油股价应该在1000亿美元？

查阅中石油2003年年报之后，发现当时中石油每股收益为0.4元，每股净资产为2元，流动资产净值为0.32元。

以当时的市盈率计算，中石油市盈率为5倍，市净率为1，即巴菲特以当时的净资产价格购买了中石油。

反观中石油当时在A股上市的情况。以2006年年报计算，当时中石油每股收益为0.76元，发行价为16元，市盈率为21倍。市场价当日首开为48元，市盈率高达63倍。即便中石油从2007年登陆A股以来，据2009年三季报测算，中石油市盈率依然高居不下。根据其最新三季报显示，中石油前三季度基本每股收益为0.44元，即便全年达到每股收益0.8元，中石油市盈率仍然为17倍。

以2007年中石油流动资产净值计算每股为0.19元。与2003年相比，当时巴菲特购买中石油的股价是其流动资产净值的6倍多，而中石油登陆A股时的发行价为其流动资产净值的近100倍。

　　4 年过去了，巴菲特的耐受力可谓惊人。虽然巴菲特当时购买中石油的股价为每股 2 元，然而在 2003 年 1~6 月长达半年的时间，中石油港股的股价仍旧维持在 1.65 元至 1.98 元，可以说巴菲特斥资 4.88 亿美元大举买入中石油当时被套牢半年之久。

　　然而巴菲特非常有耐心，由于他坚信中石油合理价值应该在 1000 亿美元。依照当时人民币兑美元汇率计算，1000 亿美元大概为 8000 亿元人民币，相当于巴菲特认为中石油合理估值应为每股 4.55 元人民币，即相当于 2003 年 11 倍市盈率，10 倍于流动资产净值。

　　巴菲特心里有谱，因此他并不慌张，耐心终于有了回报。从 2003 年底开始，中石油开始发力，每股股价开始站在 2 元以上，从此再也没有下来。2004 年，中石油股价达到 4.35 元，2005 年，股价最高达到 7 元，2006 年底股价最高冲到 9.9 元，这三年时间巴菲特一直没有减持中石油，即便股价早已超越了他心目中的价位。

　　遭到 2007 年的大牛市，2007 年 9 月 28 日，中石油股价达到 14.74 元。巴菲特开始大举减持中石油。

　　为何巴菲特会在 14 元附近大举减持中石油？巴菲特并没有详细透露个中细节，然而从 2006 年和 2007 年财报发现，2007 年中石油每股收益为 0.75 元，每股净资产 3.7 元，流动资产净值 0.18 元。按照当时巴菲特抛出中石油的股价计算，当时中石油的市盈率为 18 倍，市净率为 37，是其流动资产净值的 80 倍。

　　巴菲特不愧为格雷厄姆的最优秀学生，严格贯彻了格氏的理论，市盈率超越 16 应该算投机。

　　巴菲特从 2003 年以 2 元买入中石油，到 2007 股价达到 14 元坚决抛出，收益 4 年达到 7 倍。用他自己的话说，在中石油交易上的收益向美国国税局缴纳了 12 亿美元的税，大概够美国政府运行 4 小时的费用。

　　巴菲特在中石油身上大赚了近 40 亿美元。

　　巴菲特其后是这样总结的，"有两个因素让中石油内在价值大大提高，一是油价的显著攀升，二是中石油管理层在石油和天然气储备上下了大功夫"。

九、运用期权抄底可口可乐

在巴菲特以往几十年的投资生涯中，"抄底"已成了巴菲特对抗市场"恐惧"的一个标志性动作，也为他积累了大量的低价股票筹码。不过，仔细看巴菲特的许多抄底行为，除了在市场恐惧的时候杀入的勇气之外，期权这一金融工具也是增加其胜率的重要工具，而这通常是为很多"价值投资"信奉者所忽略的。

期权，又叫作选择权，尽管早在18世纪后期就已经在美国与欧洲市场出现，然而一直到1973年芝加哥期权交易所开张才成为一门大生意。

期权对投资具有什么价值？在某些程度上可以将它和生活中买保险作为类比。现在，你花275元就能够买到一份1年期保额50万元的意外险。如果你在一年内不幸由于意外身故，则保险公司就要赔偿你50万元，假如是一年内没任何意外，则你损失的不过275元的保费。以275元保费换取50万元高额赔偿的可能，保险明显属于支出和回报极为不对称的金融产品。正因为如此，它可以成为一种最佳的风险管理工具，从而给我们弥补意外事故带来的经济损失。

期权最纯粹的运用也与这有些类似。例如，截至2014年10月22日，美股S&P500指数报收1754.67点，到2015年为止涨幅超过20%。此时，投资者可能心态非常矛盾，不仅担心大涨之后见顶大跌回吐利润，而且还怕抛掉后美股继续上涨踏空。此时，期权就能够帮忙了。

一份2015年3月22日到期执行价是1750点的卖出期权成交价为63.10点。此份期权意味着在2015年3月22日前拥有以1750点抛售

S&P500 指数的权利。

我们可以看一看两种极端情况下你的收益。一是如你担心的那样，美股也跟 A 股一样不争气，迅速就下跌了 500 点，仅仅剩下 1254.67 点。此时你执行卖出期权，仍然能够以 1750 点的价格抛出手中的美股，即便以 1754.67 点计算收益，你的总亏损也不过是价格亏损上的 4.67 点（1754.67 − 1750 = 4.67）和最初买入这份期权支付的 63.10 点期权金，合计仅仅 67.77 点，与美股下跌 500 点相比，亏损仅为后者的 13.55%。

二是美股继续疯狂，迅速就上涨了 500 点变成了 2254.67 点。这时候，你以 1750 点抛出的期权明显就变成了废纸一张，然而你持有的股票仍然享受到了这 500 点的上涨，你的实际收益为 36.9 点。如果美股涨幅更大，那么收益将进一步扩大。

由此可见，运用期权的这种机制，不管美股下跌多少，你的最大亏损不过是 67.77 点。但如果美股上涨，你的收益却能随着攀升。很明显，在上涨市场中，拥有一个卖出期权可以很大地规避挂钩标的暴跌的风险，但同时还能享受到绝大部分上涨的潜力。

期权尽管很好，然而相比期货却要复杂很多。

要想弄懂一份期权，就必须跟踪标的、买卖方向、执行价、到期日以及合约类型五个最重要的属性。

首先说一说跟踪标的，期权被叫作衍生金融产品，就由于其本身不会单独存在，而是依托某个跟踪标的。例如上例中提及的就是跟踪 S&P500 指数的期权，而将来 A 股要进行仿真交易就是跟踪沪深 300 指数的期权，这些跟踪股指的期权被叫作股指期权。不过发达市场还有跟踪个股的个股期权和跟踪 ETF 的 ETF 期权。

依据买卖方向，期权又可以分为认购期权与认沽期权两类。前者有买进跟踪标的的权利，而后者则有抛出跟踪标的的权利。至于执行价，就是买入或者抛出跟踪标的的价格。

而到期日，就是期权的有效期，过了有效期期权包含的权利便消失了，这有一点像保险的投保期。然而到期日，根据期权合约类型是欧式还是美式又略有不同，中金所采用的是欧式期权架构，即到期日之前不可执行期权的权利；而在美国流行的美式期权就是在到期日之前随时可以执行期权的权利。

那么，巴菲特怎样运用期权抄底？

可口可乐则是巴菲特最成功的投资之一，这个案例大家都知道。而在操作可口可乐的过程中，巴菲特也运用过出售期权的方式增加盈利。

当股市出现大崩盘的时候，若你相信底部不远，会怎样用期权参与呢？很多人会选择买入认购期权，然而这却未必是好选择。接近底部的时候，期权引申波幅高企，意味着此时期权很贵，尽管买入认购期权后指数反弹，然而引申波幅下降也会折损期权的收益。

因此，老谋深算的巴菲特最热衷的则是在动荡环境下卖出认沽期权。我们以可口可乐作为例子。1993年4月，巴菲特以1.5美元的期权金发行500万份当年12月17日为到期日、执行价为35美元的认沽期权，那时候可口可乐的市价为40美元左右，则意味着从巴菲特手中买入这500万份认沽期权的投资者担心可口可乐从40美元下挫到低于35美元，他们因此取得了在1993年12月17日将可口可乐股票以35美元卖给巴菲特的权利，不过前提是先支付每份1.5美元的期权金给巴菲特（就像支付给保险公司保险费那样）。

对巴菲特来说，假如1993年12月17日可口可乐的价格在35美元之上，很明显无人会愿意用35美元的价格出售，则这份期权成了废纸一张，巴菲特可以白拿之前收到的750万美元（1.5美元×500万份）期权金；然而如果届时股价低于35美元，巴菲特就应当按照35美元买入500万股可口可乐，当然由于之前收取了1.5美元期权金的原因，因此只有当可口可乐跌破33.5美元的时候巴菲特才真正亏损。

对巴菲特来说，本来就有继续增持可口可乐的意愿。如果可口可乐不跌，则白赚点期权金也是好的；如果大跌，则期权金等于市场补贴你

1.5 美元去买入可口可乐，同样也是非常好的。对于一个长期投资者来说，这则成为上涨下跌两相宜的投资方法了。

不要忘记了，卖出期权能够先拿期权金，这对巴菲特又是一笔无息免费钱。在 2010 年度的巴菲特致股东信中，巴菲特描述过 2008 年出售的很多与指数挂钩的认沽期权："在 2010 年下半年，我们解除了 8 个原定于 2021 年到 2028 年到期的合约，所以支付了 4.25 亿美元，而原来由于这些合约收取的费用是 6.47 亿美元。这意味着我们取得了 2.22 亿美元净盈利，同时在三年内无息、无限制地运用了 6.47 亿美元资金。到前一年年底为止，我们还有 39 个认沽期权，这些合约我们一共收费 42 亿美元……确定的是，在超过 10 年时间，我们将能够免息使用收取的 42 亿美元资金。"

假如说，优先股＋认购期权是普通投资者很难效仿的，卖出认沽期权则是我们普通散户投资者在美股市场中也可以效仿的一个技术手段。不过，期权远比股票复杂许多，相关的知识还应当充分了解才行。

第二章 约翰·邓普顿抄底的秘诀

人物简介

约翰·邓普顿（John Templeton）是 20 世纪最伟大的操盘手，是邓普顿基金的创始人，向来以"逆向投资大师"而闻名。1947 年进入基金理财界，在此后的 45 年中，每年平均回报率达到 15.2%。他是一个最早走出美国，在 20 世纪 50 年代首开全球化投资的风气，被福布斯资本家杂志称作"全球投资之父""历史上最成功的基金经理之一"。

邓普顿共同基金曾经为全球的投资者带来数十亿美元的收益。以邓普顿的旗舰基金邓普顿成长基金为例，从 1954 年到 2004 年的半个世纪中，取得了 13.8% 的年度回报，同时期标准普尔 500 指数的收益为 11.1%，如果当初将 1000 美元投入到邓普顿成长基金，2004 年的价值为 641376 美元，比标准普尔的收益大约多 450000 美元。

邓普顿在 1937 年，也就是大萧条最低迷的时候成立了自己的公司——Templeton，Dobbrow & Vance。公司取得了相当大的成功，资产规模也迅速增长到了 3 亿美元，旗下拥有 8 只共同基金。1968 年，公司更名为 Templeton Damroth 并被转售。同年，邓普顿在巴哈马的拿骚，再次建立了自己的邓普顿成长基金。

在之后的 25 年中，邓普顿创立了全球最大最成功的坦普顿共同基金集团，1992 年他将坦普顿基金卖给富兰克林集团。1999 年，美国 *Money* 杂志将邓普敦誉为"本世纪当之无愧的全球最伟大的选股人"。

成功关键：在全球范围内搜寻已经触底但又具有优秀远景的行业，投资标的都是被大众忽略的公司。

操作风格：长线投资。

抄底名言：行情总是在绝望中诞生，在半信半疑中成长，在憧憬中成熟，在希望中毁灭。

一、邓普顿抄底战役

邓普顿是以依照"在最不景气的时候投资"的法则而闻名于世。他这样说："当大众都失去信心的时候，这则是投资的最好时机。"

邓普顿用一句经典的话来总结这种规律："行情总是在绝望中诞生，在半信半疑中成长，在憧憬中成熟，在希望中毁灭。"

邓普顿通常将低进高出发挥到极致，在"最大悲观点"的时候进行投资。极度悲观情绪弥漫的时候，正是购买的最好时机。

他的投资风格可以这样归总：寻找那些价值型投资品种，也就是他说的"淘便宜货"。放眼全球，而不是只关注一点。邓普顿的投资特点，是在全球范围内梳理、寻求已经触底但又具有优秀远景的国家以及行业，投资标的都是被大众忽略的企业。他经常把低进高出发挥到极致，在"最大悲观点"时进行投资。作为逆向价值投资者，邓普顿相信，完全被忽视的股票是最让人心动的便宜货——尤其是那些投资者们都尚未研究的股票。

1939 年，欧洲有各种战事之说，造成美国股市和欧洲股市暴跌 49%。由此邓普顿推断：美国也必将会卷入战争中去，美国工业将受到很大的推动，从而为美国参战提供大量物资。他对美国内战以及第一次世界大战进行了研究，发现战争大大地刺激了对商品的需求。同时生产出来的商品需要通过全美各地的交通，包括铁路进行运输，所以铁路运输以及其他相关的上下游产业都将会出现繁荣。

所以，邓普顿抓住机会购买股票，依据研究，邓普顿坚信其看法，并借钱买入股票，借 1 万美元购买股价不到 1 美元的所有股票，他深信：战事引起的经济繁荣使得所有公司都欣欣向荣。

20 世纪 60 年代到 70 年代，邓普顿是第一批到日本投资的美国基金经理之一。他以较低的价格买进日本股票，抢在其他投资者之前抓住了机会，在他买进后，日本股市一路飙升。后来，他发觉日本的股市被高估了，而又发现了新的投资机会——美国。实际上，邓普顿在 1988 年就对股东们说，日本的股市将会缩水 50%，甚至更多。几年后，日本的股票指数——东京证券交易所指数下跌了 60%。

1985 年，由于高通货膨胀和政治因素，阿根廷的股票市场出现严重的衰退。邓普顿认为这是一个买进股票的好机会，当然他的目标是那些他认为能够恢复到正常水平的股票。国际货币基金组织在 4 个月内通过了一项援助阿根廷的计划，而邓普顿的股票上涨了 70%。

1997 年，由于投资者的投机行为和出现严重的政治经济问题，亚洲的股票市场几乎崩溃，而邓普顿抓住机会在韩国和亚洲其他地区投资。1999 年，亚洲股票市场恢复时，邓普顿获得了丰厚的利润。

他与巴菲特一样都是相信"用便宜的价钱买好的股票，然后将它们长期保存"的简单投资法则的投资大师。对他来说，在别人最绝望时，是购买最便宜的股票时机。

邓普顿就是善于利用别人的糊涂，买入他们情绪化而抛出的股票。

邓普顿认为，永远在市场最悲观时入场。当大家都想入场的时候，就是出场时点；当大家都着急出场的时候，则是进场时点。

按实际投资的经验，最好的出场方式是：一方面，在股市处于高档的时候，要逐步地分批卖出。不要等待市场下挫时才恐慌性抛出，而是在市场依然还在上升时就分批出场。另一方面，当大家都想出场的时候，则是进场时机，由于在恐慌性抛出之下，有着投资价值的股票很可能出现被低估。

低买高卖是一个说起来容易做起来难的法则。当股价不断地上涨时，大多数投资者会争相购买股票；当股价不断下跌时，大量的投资者纷纷出卖；当几乎所有人都感到悲观的时候，股市便会崩溃。没有投资者不明白要低买高卖的道理，但绝大多数人的结果都是高买低卖。

"追高杀低"是很多投资者的通病，也是大多数散户亏损最主要的原因。这都是因为人性很难克服"贪婪"（由于贪婪而追高）与"恐惧"（因恐惧而杀低）这两项弱点所造成的。

邓普顿讲了这个故事：假如有 5 名建筑师都认为要建一幢大楼，则这楼就必须要建；假如有 5 名医生认为应该做一个手术，则这个手术非做不可；然而假如有 5 名股票经纪商建议买某只股票，那么你就最好千万不要买。这个道理很简单，经纪商不过是市场交易的催化剂，必须通过交易量的增长以维持生计，当他们向你建议买进的时候，这时价格已上涨得很高了，高到一定程度之后就需要出售，此时就必须寻找买主了。因此，你必须时时牢记华尔街这样一句名言：不要做非理性"追高杀低"的投资决策，必须在任何投资市场中都能满载而归。

邓普顿认为，在大众看好前景的时候买入股票，是极其愚蠢的，因为你永远不会跑赢大市。他记住了恩师格雷厄姆的话："在所有人包括专家都感到悲观的时候买进。在这些人感到乐观的时候抛出。"他完美地利用于"逆向操作法"。

所以，在实际操作中，当股市不断地冲高、所有人都想进场时，你要逐步地分批抛出，不要等市场下跌时才恐慌性抛出。而当行情持续下跌，所有人都失望甚至绝望时，你可以分批买进。这时，有一些价值型的股票因暴跌被低估，则是进场的好机会。

二、"极度悲观点"理论

邓普顿说："在极度悲观的点位上投资。"极度悲观的时候买进，或是称作"极度悲观原则"。

极度悲观点是"100个人之中第99个人放弃的时候，你就成了剩下的唯一买家。假如最后一批卖家就要退场了，那么在他们卖出之后，价格还会下跌很多吗？当然不会。最后一批卖家要退场的时候，你应该在一旁睁大眼睛等着买进。一旦所有的卖家都离场了，从理论上来讲，市场上就只剩下买家了"。

邓普顿喜欢在悲观的市场或者说熊市进行买入，以低廉的价格购买，体现了他作为"便宜货猎手"的本性，他懂得市场的悲观情绪永远只是一时的，因此在别人悲观抛售的时候正是他接手的大好时机，但悲观总会有一天消散并被乐观所替代，这则是牛熊的市场交替过程。

他认为，在股市中对某家公司所持观点最为悲观时，假如该公司的前景或者人们的情绪出现了反转，那么你通过所持股票赚钱的可能性就会大大地增加。

前景越是很暗淡，回报率就越高，前提条件是这个前景发生了逆转。这是极度悲观点投资原则背后的一个基本条件。当笼罩股市上空的情绪发生变化的时候，你在股价上就能够获得极高的回报。

也就是说，在市场已变得极端不正常时买进股票，并对那种不正常的观点进行利用。运用这种思维方式有点违反人的本性，因为作为人类，我们总是在用尽全部力量寻找最好的前景。然而，你购买便宜的股票，就应该到造成了暂时悲观前景的地方去寻找悲观点。

这是邓普顿所阐述的"极度悲观点"理论的基本原理，从而为我们提供这样的启示：要想购买股价"低"的股票，"低"，才能有安全边际；要买因大家误判而造成的冷门股，无效市场才是价值投资者赚钱的最好时机；在危机中你要敢于出手，在人们恐惧时，你要表现出过于贪婪。

三、选择价值被市场低估的股票长期投资

邓普顿说，购买股票，是购买其公司价值，而不是去购买市场趋势或者经济前景。很多聪明的投资者懂得，虽然股市暂时会受到大趋势或外来因素的影响，然而最终股市还是由股票本身的业绩来决定。个别股票在熊市也可以走高，个别股票在牛市也可以下挫。要明白股市与经济走势一致并不是必然的，所以，投资者应购买个别股票，而不是市场趋势或者经济前景。

自股票市场诞生以来，投资者极度乐观与极度悲观的情绪如影随形，持续不断地交替上演。邓普顿在 1938 年投身于股市，在他进入股市前的 1929 年，极度乐观的情绪将道琼斯工业指数推高至 380 点，此后股市的"黑色星期二"开始，接下来是连续 10 年的宏观经济大萧条。在这个大萧条中，极度悲观的情绪又把道琼斯工业指数压低至 42 点，从最高点下挫了 89%。此后虽然宏观经济一直表现不太令人满意，然而股票市场的极端情况终归要被修正，道琼斯工业指数又从 1932 年的最低点上升了 372%，到 1937 年底已经达到 197 点。这一幕与我们刚刚经历过的 2008 年和 2009 年的中国股市是多么相似。

然而到了 1938 年，美国经济便出现了复苏迹象，而此次复苏却遭受了质疑，是因为欧洲发生了战争。当时大家普遍认为战争将会导致美国经济重新陷入衰退。投资者的悲观情绪造成美国的股票被抛售一空，道琼斯工业指数从 1938 年的高点下挫了 49%。在这 10 年里，大家对美国

经济所持的看法反复无常，很不稳定。依据对道琼斯工业平均指数的研究，这是十年有史以来股票价格变化最反常的 10 年。

至于 1929 年股市崩溃很让人感兴趣，并且大家往往忽略的一点是，真正的灾难出现在此后的两年。大多数美国投资者一想到股市的崩溃、经济的衰退和可怕的 20 世纪 30 年代，均会将这段时期和股市的悲惨境况联系到一起。股市仍然有一些相当不错的时期，如图 2-1 所示。

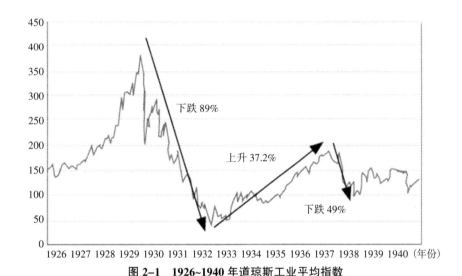

图 2-1　1926~1940 年道琼斯工业平均指数

邓普顿通过对 20 世纪 30 年代美国股市的分析，获得了这样的认识：大体上股票价格变化非常频繁。尽管股票价格下挫在这一阶段非常正常，这时毕竟还处在大萧条时期，但这种下挫却提出了一个重要的问题：虽然股票价格变化异常频繁，但这些股票所代表的公司的内在价值并无发生变化。

简言之，某一家公司的股票价格出现上下波动与公司价值没有关系。正如图 2-2 所示，实线所表示的该公司的价值随着时间的推移在不断地增长。该公司所出售的商品逐年增加，多年以来一直为其业主在每年的基础上增加收入额。然而，股市对这家公司的热情却时高时低，这是因为股票买家与卖家会由于任何因素而对这家公司的态度发生变化。

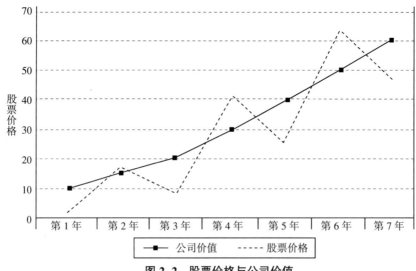

图 2-2　股票价格与公司价值

　　邓普顿用一句话来描述："有时引起高价的原因就是高价本身。"重点在于，投资股票，最重要的是必须确认它的价值与市场价格之间的差异，一定记住：某东西的价格与其价值很可能有很大的区别。投资者必须评价股价是否远低于他们相信一家公司具有的价值，这是投资股票的指路明灯，"怀疑"就是最好的指南针。

　　也就是说，投资应以个股的价值为考量，而不是市场前景或经济趋势。因为个股的表现将决定大盘的涨跌幅，而不是大盘的走势决定个股的价格，即便空头市场仍有逆势上扬的个股。选择价值被市场低估的股票长期投资，耐心等待市场回升到合理价值，才能让你获得超额的利润。

　　邓普顿认为，股票价值是投资的基石，如果价格远低于价值，那么对价值的判断，考虑问题必须充分甚至从最悲观的角度出发。

四、以低于价值的价格买入

邓普顿说："股价下跌到公司价值线之下时，以低于价值的价格买入，这个策略适合所有的投资领域，不管股票、不动产、艺术还是邮票。"

邓普顿认为，投资股票好比是购物，无论我们买楼买车，还是买衣服鞋袜，都会四处比较价格，用心选购最好的商品，这样做能够省下一半的钱。

邓普顿秉持的操作策略是承袭老师格雷厄姆的"价值投资法"，他们都在市场中搜寻"物美价廉"的股票。

"投资价值被低估的股票，它的挑战在于如何判断它的确是具有潜力的超值股，还是它的价值就只是这样而已。"邓普顿说："有的股票6元也嫌太贵，有的股票60元也觉得很便宜。投资者就是要寻找价廉物美的股票，而不是低价股。物美才是真正的重点，然后在物超所值的情况下购买。"

邓普顿说，在他年轻的时候发现，股价表现可以和公司价值相差很远，正是这种观察让他在1937年进入投资顾问这个行业，股价与正在运作的公司价值是分离的，并且不一致，这种非常常见现象的原因可能是大家对讲故事、收集消息以及共同分享谈资都有一种天生的渴望，各个公司非常容易被编成故事进行谈论，这种谈论使得我们买入估价过高的股票，那些虚构的故事很容易引人上当，造成投资上的灾难。

他的主要目标就是以大大地低于其真正价值的价格买入。但必须注意两点：假如购买的东西意味着增长潜力很有限，没有关系；假如购买的东西意味着未来10年以两位数的速度增长，那么就更好。关键在于公司的发展。如果你能在发展中的公司里找到理想的低价股，那么它们就能够持续数年为你带来丰厚的回报。所以，必须注意的是股票价格与价值之间极端错位的情况，而不是纠缠于一些简单的琐碎细节。

五、用 FELT 选择股票

邓普顿认为，"42 码的脚不能穿进 37 码的鞋"——用 FELT 选择股票。

所谓 FELT 就是——Fair，Efficient，Liquid，Transparent。投资任何股票之前，都应该审视股价是否合理（Fair）、股市是否是有效率交易（Efficient）、股票是否具有流动性（Liquid）、上市财务报表是否透明（Transparent），这是选择股票的四个方面。

第一，如果这只股票的价格已经达到或者超过其现有的及未来可预期的价值的话，那么这只股票就失去了买入和投资的价值，因为投资是价值发现的过程，如果没有价值发现，投资就失去了意义。

第二，如果一个市场效率很低，由于制度或者监管方面的问题，不能实现有效率的交易，那么他们的投资同样得不到保障。

第三，投资规模要和股票规模相称。如果某只股票盘子很小，或者规模虽大但交易活跃度很低，交易量很小，那么它同样不适合大资金的投入，因为一方面它很难吸到足够的低价筹码，另一方面在出货时又很难迅速地全身而退，处于进退两难的尴尬境地。所谓"42 码的脚不能穿进 37 码的鞋"，说的就是这个道理。

此外，财务报表的真实性也是决定投资成败的关键因素。再好的业绩如果是虚假的，对于投资者来说同样是致命的。由于财务报表是反映企业经营状况、资金状况的最基本素材，如果失真，将误导投资者做出偏离企业真实状况的判断，最终造成重大投资失误。

邓普顿认为，资产净值是投资决策的一个有效依据。

投资是有风险的，而风险和收益又是相辅相成的。风险越大收益越高，风险越小收益越低。那么我们在投资时，除了要考察企业的经营团队，要运用"FELT"方法进行分析和评估以外，"资产净值"也是我们进行投资决策的一个有效依据。

所谓"资产净值"是指投资对象（上市公司）的总资产价值减去总负债所得的净值，除以企业发行在外的总股本，如果这一数值高于当前股价，说明股价处于价值低估状态，未来具有上涨潜力，值得投资；反之，则是价值高估，有投资价值。资产净值的估值法，本质上还是 Fair（合理股价）的一种方式，通过股价和净值比较，寻找价值发现。之所以用资产净值，主要是以防万一，万一企业经营出现问题被实施清盘的话，其实物资产还能维持在买入的价格以上，确保投资不会出现重大损失，因此这是一种相对保守的估值方法。

使用这种方法，需要注意两个前提：一是资产评估一定要客观、准确，如果评估失真，净值不实，一旦清盘可能就无法实现原先资产净值。其对策是可以邀请多家评估机构进行评估，尽量采用公允价格进行衡量。二是以实物资产的评估为主，对品牌、商誉等无形资产尽量不要考虑，因为无形资产的波动性、不确定性很大，容易带来投资风险。

六、邓普顿抄底的原则

下面是邓普顿抄底的四条原则：

1. 重视长期投资

邓普顿说，股市的起起落落是具有一定的周期性与循环性，即使是低价股，它也需要时间的移动才能体现出它的价值并在股价上反映出来。简单来说，长期投资才是股票投资的根本方法。

邓普顿注重长期投资，他认为，保持不变的投资则是获得高回报的策略。假如你把股市当作"家"，而不是旅行中的驿站，那么在长期中你就会做得更好。假如你在股票变动百分之一或百分之二的时候就做出买卖的决定，总是做短线、权证交易或者期货，那么你理想中的"赢"就会掩盖越来越大的风险，是因为大多数情况下你遭受亏损，得到的利润也会被那些佣金所消耗掉，或是本来向下的行情会触底反弹，对于那些短线的买卖来说这是很大的一种蔑视。

在很多时间里，美国大多数基金经理有一个典型特点是：频繁地进行交易，而不是持有股票，债券的换手率就更频繁。而邓普顿却不这样，他比那些基金经理持仓时间要长达 4 倍到 5 倍。根据有关研究表明，作为整体，若基金经理持有股票而不是频繁地交易，那么所获得的收益会大于频繁交易下获得的收益，同时，风险与税也会大大地降低。

例如，A 基金历史上的情况是第一年赚了 100%，第二年赔了 50%，而 B 基金每年都赚了 10%，年年都这样。实际上 B 基金的长期收益要比 A 基金大得多，只有在你能完全掌握市场的起伏时考虑 A 基金才是可行的，然而实际上极少有人能够做到这一点。

邓普顿所持有股票的时间均是以年来计算的，大多数股票持有的时间为 5 年。因为短期趋势遭受很多未知突发因素的干扰，然而从长期来看，股价总会回归原有的真正价值。通常经济研究表明，一个经济周期需要 8 年，才能完成由经济紧缩到经济过热。

2. 不要随波逐流

邓普顿说："若你和别人一样买入相同的股票，那么你也会和别人一样拥有相同的投资绩效。除非你的操作方法与大多数人有所不同，否则就不可能获得非常好的绩效。"

"我的观点是，假如你正在挑选公开交易的股票，那么你应该反其道而行之。要以与公司价值进行对比，用最低的价格去购买股票。股票的卖出价之所以便宜，原因只有一个：大多数人都在抛出。要想买到低价股，你应该注意观察大众最恐惧和最悲观的地方。只要你以低价购买很多有获利潜力的股票，你才能取得一次成功的投资。要真正做到这一点，唯一的方法是在大多数人都卖出的时候趁机买入。在这一点上，投资者通常会陷入矛盾，因为要与主流意见完全相反并非一件很容易的事。"

邓普顿这段话形象地说明了"逆向思维"的重要性。

多年资本市场的实践表明，在一个具有风险的投资市场中，只有少数人赚钱，而绝大多数人赔本，这是一条永恒的规律。那么，怎样才能成为少数的赚钱者？一个很简单的方法就是，与大多数人保持不一样的立场，应该采取"人弃我取，人取我弃"的操作法则。

当一波行情逐渐上涨到最高点的时候，实际上也是泡沫与风险逐渐积聚的过程，但在表面的盈利效应示范之下，越来越多的投资者被眼前的收益所诱惑，都期望把自己全部资金投入进去，这时是资金投入最大化的阶段，通常也是行情高点与头部的所在，一旦后续资金流跟不上，不能维持持续提高的市场价格，那么行情就不可避免地进入回调。

回顾多年中国股市的历程，历史反复地证明了这一规律的正确性。每当行情达到高潮，这时营业部大厅人满为患，投资者汗流浃背、神情亢奋，股指通常面临着高点。相反，当市场陷入谷底，证券机构门可罗雀，即使反复地动员，投资者也很少响应，结果却是安全的底部。

而被称为"低价股猎手"的邓普顿，正是凭借着不同于大多数人的逆向投资法则，在大家抛售股票使股价下跌直到价格远低于其价值时，买入这些股票，然后在大家购买这只股票使其价格远高于其价值时抛出，从而赚取最大利润。

作一个"逆向投资者"。真正的便宜货只有在众人都犯了错的情况下才会出现。但要与大众唱反调，并保持自己的判断力不受其他人的影响，这的确并不容易。

很多投资者会买，并且只会购买那些得到投资分析家认可的，具有光明前景的股票，这是极其愚蠢的，但却是人的天性。逆人群中的潮流而行，实在是一件很困难的事情。在看起来最黑暗的时刻，几乎所有人都在卖出的时候进行购买则更为困难。假如你顺着市场操作，从定义上来说，你买的是市场，那么你不可能会赚得多于市场。与传统的"投资智慧"相悖的投资决策才可以获得最丰厚的回报，因此你永远不要随波逐流。

3. 注重"实质"报酬率

邓普顿说，进行长期投资计划的时候，必须要注重"实质报酬率"，是因为投资所得的利润应扣除"通货膨胀"和"税负"之后才是真正的报酬率，假如投资者忽略通货膨胀与税负的影响，那么长期投资就会变得更加困难了。

也就是说，为了更加清楚地衡量自己的投资，你必须懂得去掉税收和通货膨胀因素之后的收益。对于一个长期投资者而言，这是一个最理性的目标。如果不考虑税收与通货膨胀影响的投资策略，那么就忽略了真正的经济环境的本质。

邓普顿认为，保护投资的购买力不遭受损失，对于保证一个很好的投资组合来说相当重要。投资者犯的最大的错误就是将大量的资金投资于固定收益的证券中，并没将世界货币的价值考虑到自己的公式。实际上，物价上涨会降低货币的购买力。

例如，如果通货膨胀率每年为4%，那么10年之后10万美元的购买力便下降到6.8万美元。简单来说，为了让购买力保持不变，那个投资组合必须增长到14.7万美元，10年中至少要有47%的收益率。这还是在不考虑税收的情况下得出的增长率。

当衡量一项投资的时候，必须考虑整体的经济情况。

4. 不要过分依赖技术分析

邓普顿说，光依靠技术分析的投资方法通常会误判形势，必须以调查来辅助。

必须灵活应变，当应用的投资策略效果很不错时，依然需要谨慎，要预防随时变化。因此不要盲目相信分析工具以及公式等。据说，当年邓普顿管理基金的时候，往往会隔一段时间更换投资和选股的方法，因为他认为没有一套投资策略是经常有效的，在不同的市况应该利用不同的投资方法。

他认为，虽然投资国际化，能寻找更多更好的获利机会，也能够分散投资单一市场的波动风险。然而外国市场，特别是政治、经济状况不稳定的新兴国家，形势可能瞬息万变，假如光依靠技术分析等的投资方法是难以掌握全盘局势，必须通过实际的调查访问才能快速应对变化。所以，投资要点遍布全球重要金融市场的国际性投资集团更有可能有效把握全球金融形势的命脉。

邓普顿是这样总结的：技术分析有着其优势，例如具有很强的客观性，能够进行量化判断。同时依据历史能够重复的原理，能够进行统计分析与前瞻性推导，具有比较强的逻辑性。然而不可否认，技术分析仅仅是所有分析方法当中的一个部分，而不是全部，特别是在新兴市场中，技术分析方法只是一种相对次要的、辅助性的分析方法，只有当政策面、基本面以及资金面等因素相对稳定的情况之下，技术面才能发挥阶段性的作用。

邓普顿所运用的分析技巧是，首先从确定一家公司的内在价值开始。1940 年，他的顾问公司系统地运用格雷厄姆原创的全盘分析技巧，认真地分析企业的重要财务比率，期望从中找到股票的真正价值，在那时这种工作是很辛苦的，然而当今由于有在线信息服务而可以免除，每年只需花少量的金钱，就能够获取许多的信息。企业分析的方法非常多，邓普顿认为这几个因素非常重要，并且普遍适用。熟记以下重点，能够帮助你在投资决策上的判断：

（1）本益比。

（2）营业利益率。

（3）清算价值。

（4）营盈成长稳定性：假如某公司的盈余有一年下跌，也许没关系。但若连续两年表现不好，就必须对它保持怀疑的态度。

（5）弹性是中心守则：在每一件事都进行得非常好的时候，你应该准备进行改变。当整个循环与你的估算相吻合得天衣无缝时，必须准备获利了结。

（6）不要信赖任何原则与公式：任何定理都很可能在一夜之间被打破。

邓普顿像格雷厄姆那样，总是在搜寻便宜的投资对象。而邓普顿更注意的是几年内价值会超过现值的股票，因此邓普顿是成长导向的投资者，也是价值导向的投资者。他与费雪一样不熟悉科技，也不擅长分析管理状况，对超额营运资金并不感兴趣；他的思考方式像是股市作手，不像巴菲特、费雪那样，有时候更像是一个企业家。

他有五个特色值得大家学习：

（1）做决策时的果断力。

（2）对小型股的执着。

（3）价值投资的投资哲学。

（4）丰富的企业人脉。

（5）运用信息帮助判断。

七、在全球范围内进行抄底

邓普顿认为，避免把所有的鸡蛋放在同一个篮子里，最好的方式则是全球化投资，不仅能够寻找更多更好的获利机会，也能够分散投资单一市场的波动风险。

当市场仍局限于美国华尔街投资的时候，邓普顿于 1954 年便提出全球化投资的观念，并成立第一只全球股票基金——邓普顿成长基金，并把全球化投资的理念推广到全球，这样使得邓普顿成长基金不仅获得了更多的投资机会，而且分散了风险。

他非常聪明地将他所管理的大部分基金投放在了加拿大和日本的股票市场上，所以他的基金股东们避免了 1972~1974 年美国股市的暴跌。不仅这样，他还充分利用日本大牛市行情获得大大超过美国股市投资的收益率，从 1966 年至 1988 年日本道琼斯指数上升了 17 倍，而同期美国道琼斯指数只上升了 1 倍。

邓普顿的投资方法是，大幅度地投资一个经济正处于低谷的国家，购买大量的低市盈率的股票。然后等着这个国家的经济实现反转，那些原来跌破发行价的股票中的一部分就会有很大的上涨空间。因为上涨幅度巨大，所以所得的利润完全能够覆盖掉投资失败的损失。等到收获颇丰以后，他会再到另一个地方寻找目标。可以说，邓普顿是很早提出全球化投资概念的基金经理。

换言之，邓普顿注重的是一个国家的宏观经济，对于投资的股票并不精挑细选，投资的假设是宏观经济向好会带动大部分的企业经营状况获得改善。

在邓普顿成长基金成立之初，邓普顿对日本企业进行投资，这与当时第二次世界大战后流行的行为与情绪截然不同。那时候，日本的政治经济基础依然处在混乱的状态中。在战后的几十年里，"日本制造"一直跟廉价小饰品联系在一起。可是邓普顿却看到了其暂时的物质匮乏之外的东西，他认为日本人具有传统的节俭、勤劳、家庭观以及对于公司忠诚等品质。

为了证明他的全球视角，邓普顿在全球范围内实践着他的投资哲学，即使当一些国家已经开始为他们自身的经济窘境而感到悲观的时候。他开始进行很具预言性的市场评论。例如，1949 年 3 月，道琼斯工业平均指数徘徊在 172 点时，他这样写道："十年后当我们回顾的时候，或许会发现 172 点还是有上涨余地的。"十年上涨已经过去了，道琼斯工业平均指数已经超过了 600 点。

也就是说，邓普顿的投资特点是在全球范围内搜寻已触底但又具有美好远景的国家以及行业，投资标的都是被人们所忽略的企业。

邓普顿认为，一个最大盈利法则就是，不断地搜寻低价股。也就是说，在全球市场中去寻找价廉物美的股票。在他的眼中，投资于"便宜好货"，背后必然就会有暴利。

邓普顿在第二次世界大战爆发的时候，他购买那些人们弃之如敝屣的股票，平均持有大概四年的时间，在这四年里很多股票由原来的丑小鸭变为现在的白天鹅，这样他就发了一笔大财。

1939 年希特勒对波兰发起了战争，邓普顿马上意识到世界大战就要爆发，战争能够将美国带出大萧条。因而他在萧条与战争的双重恐怖气氛之中，借款 1 万美元买进在纽约股票交易所和美国股票交易所挂牌、价格在 1 美元以下的公司各 100 股。在这 104 家公司当中，34 家临近破产，其中 4 家后来一文不值，然而整个投资组合的价值在 4 年之后上涨到 4 万美元。

邓普顿所说的便宜是指股票相对内在价值的便宜，"便宜股"并不是指绝对股价的高低，而是指购买价格大大低于股票的内在价值。

他所买入的股票并不是那些历史经营业绩很好的企业，而是那些已经破产或者濒临破产的边缘化企业。他之所以这样做，是源于他对美国战争历史的研究：在美国历史上曾实行的战时税收政策。经营很好的公司因为战时经济的繁荣得到的额外收益会被政府征收税率高达 85% 的所得税；而那些以前处于亏损的公司不需要缴纳这样的税收，因为现在的利润需要弥补过去的亏损。根据一项统计证实：1940 年之前经常亏损的公司在 1940 年之后的 5 年里平均上升了 10 倍，而 1940 年之前从不亏损的公司在 5 年里仅仅上升了 11%。

因此，邓普顿认为，购买"便宜股"必须具备三个条件：

第一，你对公司内在价值的估算，只有判断出这家公司值多少，你才能知道股价是高还是低。但要判断一个公司值多少钱是很不容易的。

第二，必须做大量功课。除了对价值的估算之外，还要进行比较。邓普顿不仅对美国股票进行分析，还对外国股票市场做出研究，只有做足功课，才能抓准机会。美国有许多价值投资者对公司价值分析十分在行，例如巴菲特，想在美国这样的成熟市场寻找便宜股是很困难的。邓普顿通过对不同国家股票进行比较，很早转移日本股市，在日本放开资本市场管制之后，赚了很多钱。

第三，必须有很好的心理素质。邓普顿的心理素质非常好，可以说是坚如磐石，他经过科学计算并确认便宜股，大众的恐慌、购买之后股价继续下跌、专家世人的质疑，对他来说都是能够承受的。

正如邓普顿所认为的，这种对低价股做出比较的方法，能够让你找到最理想的低价股并回避危险地带。

当然，购买便宜货这一技巧是在特殊市场行情下的极端体现。例如，彼得·林奇以及巴菲特等，购买那些暂时不被看好但实际状况还不错的这种类型股票。

邓普顿还认为：①波动是机会，波动越大，寻找低价股的机会就越大。②当市场被消极悲观情绪笼罩的时候，公司价值与股价之间出现的错位的机会就越大。

邓普顿超人的地方，是把这项技术应用在全球范围内，运用国家地域间经济发展的时间差，或是市场周期的时点差，寻找市场低估的公司。例如，20世纪70年代在日本、20世纪90年代在韩国、"9·11"之后在美国，均是利用市场的低点进场，之后享受市场的回升。

可以说，邓普顿的整个投资生涯就是在世界范围内寻找能买到的最好低价股。

至于资金分配问题，邓普顿认为，当股市到顶的时候，投资者应当将100%的资金投放于债券；当股市处于底部的时候，就应当把100%的资金投放于股票。当然，邓普顿知道这些策略很多人很难做到，就算专家都不一定能预测何时见顶见底，一般投资者就更难做到。

所以，邓普顿认为，投资者应该经常将50%资金投资于环球股市，例如环球基金，对于其余50%的资金应该根据市场情况投资于股市或者债券。例如，当你感到股市偏高的时候，就应当将这50%资金全部投资于债券；当你估计股市见底的时候，就应该将这50%的资金投资于股市。这样做的好处在于，即使你预测错误，你认为股市下挫却原来是上涨，仍然有50%资金投资于股市，就不会错过获利的机会。

八、在高品质的企业中去寻找相对低廉的股票

邓普顿偏好是寻找便宜货中最便宜的股票，由于许多股票看似便宜货，但它们并不属于这一类。每一次邓普顿找到一只股票，就会认真地研究它，只有在他完全相信它具有投资价值时才去购买。

市场规律表明，最便宜的股票通常是完全为大家所忽略的股票。邓普顿认为，假如你能够评估大家所忽略的因素，但这些因素又能够让事情好转，那么到某一个时候，每件东西都可能变成便宜货。为了观察到这种因素，你应该戴起与他人不一样的眼镜，因为别人不能够观察到这种因素。与其他任何技能相比，投资者更需要有一种慧眼识货的能力，邓普顿称为"具有弹性"。

邓普顿还强调，寻找别人肉眼不能寻找的潜力股，你必须要避开无休无止、一成不变的"消息"与意见，以免受到大众情绪起落的影响。

最后邓普顿如此总结：要在高品质的企业中去搜寻相对低廉的股票。高品质企业的特征：在快速成长的市场中能够在销售上巩固其领先地位；在技术领域中保持技术领先优势；卓越的管理团队、行业内的低成本厂商和充足的资金，可以在很短时间内成为新兴市场的先行者，从而拥有

高利润率的消费产品的著名而可信的品牌。

九、利用大众最乐观时做空，赚取巨额的利润

邓普顿认为，假如某只股票出现明显高估的话，那么你应该做空。他就曾在 21 世纪之初电子网络风潮中做空过大量的网络股票，并赚取了巨额的利润。

在 2000 年互联网泡沫当中，在大家都不断批评巴菲特与老虎基金的朱利安·罗伯逊已经过时时，邓普顿选中并购买了 84 只高科技股票，每只股票做空获得 220 万美元，在短短几个星期的时间里赚取了 8000 多万美元。

那么他购买股票的标准是什么？主要来自他对市场的调研。在美国，股票上市之后有 6 个月的锁定期。他发现高科技公司上市以后，公司的管理团队等 6 个月的锁定期满之后，就立即卖出手中的股票，拿钱马上走人（与我们中国创业板的情形相同）。邓普顿的购买策略是找到那些比 IPO 价格上升了 3 倍的科技股，在原始股东锁定期到期前的 2 周时间里，将这些科技股卖空。

卖空一直以来被很多投资者认为是一种高难度的投资活动。卖空不但要对基本面有深入的研究，而且还需要对交易时点有很准确的把握。依据对股票价格运动的统计表明，股票价格的波动并不按照正态分布，反而往往出现肥尾现象。也就是说，大多数股票的底部非常清晰，当下挫到一定估值水平时就不再下挫；而当股票上升时，长到哪儿算是到头却无法确定。以上现象对价值投资者而言是个好事，在低点买进的股票即使不涨，也不会出现亏损，而且只要持有，总有一天会涨起来的；然而对卖空者却是一个很大的挑战，因为不知道股票涨到何处就会停止，

假设在做空处继续上涨 1 倍，整个本金就会全部亏损掉了，更可怕的是上升了 1 倍后可能还会继续上涨。那么，邓普顿是如何把握卖空点的？

当最后一位持股者决定卖出股票时，当所有卖家都已经不存在，只剩下买家时就是极度悲观点。相反，当所有买家都已经进场，只剩下卖家时，就是极度乐观点。2000 年 3 月 10 日，美国纳斯达克指数创下历史上的新高，已经达到最顶峰。当日的华尔街日报有这样一个标题："保守的投资者们跃跃欲试，科技股并非昙花一现。"此文说明最后一批买家进场了，舞会立刻将要结束了。著名的操盘手伯纳德·巴鲁克当年也有相似的对顶部的判断标准：连擦鞋童都在向他推荐股票的时候。

邓普顿认为："当别人慌忙抛出股票时你要买入，而在别人急于买入时抛售，这需要投资者有很大的毅力，可是回报也是惊人的。"

而被称为"低价股猎手"的邓普顿，正是凭借着不同于平常人的逆向投资法则，在大家抛售股票使股票价格下挫直到价格远低于其价值时，购买这些股票，然后大家购买这只股票使其价格远高于其价值时卖出，从而获得很大的收益。

所以说，邓普顿的投资是"在大萧条的低点买进，在互联网的高点抛售，并且在两者之间挥洒自如"。

第三章　大卫·泰珀抄底的秘诀

人物简介

　　大卫·泰珀（David Tepper）是阿帕卢萨投资管理公司的创始人，这家对冲基金公司管理着40亿美元的资产。阿帕卢萨投资管理公司创立于1993年，自创立以来已经取得了非常优异的投资业绩，截至2015年底，在过去的5年、10年和15年，他的公司为投资者带来的回报分别为2.72倍、14.18倍、36.10倍。作为阿帕卢萨投资管理公司的总裁和创始人，泰珀在华尔街基金经理中有着长期最好的收益，这为他赢得了国际声誉。

　　他是冷门投资大师，典型的机会主义者。有人评价说，"和他在一起做投资感觉像在飞一样，有几个小时无聊透顶，然后就是一阵子心惊肉跳"。因而他被人们称为"华尔街抄底之王"。

　　与大多数基金经理不同，这位另类投资者十分青睐于投资那些陷入困境的公司。在2009年初市场最低迷的时期，他大举押注美国银行股，斩获高达70亿美元回报，当年仅个人收入就达40亿美元，成为华尔街有史以来年收入最高的基金经理。而在2013年对冲基金业整体表现疲弱的情况下，他又以35亿美元的年收入再次称冠，堪称华尔街新的投资传奇。

　　投资理论：最佳的交易就是寻找并发现金钱。

　　投资策略：用选择"麻烦重重"的公司以及盯准"受尽冷遇"的

投资方式。

制胜之道：热衷于"抄底"那些不被看好的资产。

具体做法：对事情有远见，并且能依据对未来的看法做出微小的抉择，例如，挑选某只特定股票，"他会买那些能够反映宏观预期的投资标的"。

一、大卫·泰珀抄底战役

证券市场充满了躁动，并往往为非理性行为所统治。投资者有许许多多，具有独立思想，敢于与市场"对着干"的人确实不太多。

"在别人贪婪的时候恐惧，在别人恐惧的时候贪婪"，这一句投资名言，大家都皆知，然而说起来容易做起来难。为了得到安全感，大家选择了跟风和随大流，还美其名曰"顺势而为"。然而历史上所有伟大的投资，大多数都是逆水行舟的产物。泰珀为此做出了完美的诠释。

泰珀早期的经典投资之一就是购买阿尔格玛钢铁公司优先股。后者曾经在1993年申请破产保护，在详细研究资料之后，泰珀发现该公司的优先股实际上就是公司的第一级抵押债券，抵押品是公司的工厂及其总部。泰珀立刻果断以每股20美分的价格买进这些优先股，此后在一年内以每股60美分至80美分的价格把它出售。

1997年，受到东南亚金融危机冲击，韩元大量贬值高达50%，泰珀"抄底"购进韩元期货以及韩国政府债券，那年他的基金便收获30%的回报。2001年，同样就是抄底垃圾债券，泰珀的基金取得61%的年回报。

泰珀最辉煌的抄底战役出现在2009年。那时候市场对金融危机爆发的恐慌还没有散去，美国银行股由于陷入困境而遭到市场大面积抛售，股价下跌惨重。但是泰珀并没有理会市场对一些大型银行的悲观情绪，而是注意到美国财政部关于支持大型金融机构的声明。美国财政部当时承诺购买银行的优先股，而优先股的转换价格大大高于当时的普通股市价，而且财政部一再强调不会将这些银行收归国有。

基于这些，泰珀于 2009 年初开始大量购买被众人抛弃的美国银行、花旗和美国国际集团（AIG）的股票，成为那时候市场上银行股的最大买家。根据泰珀此后透露，他持有的花旗集团股票平均成本仅仅为 0.79 美元，美国银行股票成本为 3.72 美元。至 2009 年底，花旗集团和美国银行股票分别大涨 233%、330%。

不仅这样，泰珀还在 2009 年初以 10 美分的价格购买 AIG 债券，到这年年底价格已飙升到 61 美分。截至 2009 年底，泰珀管理的基金由于押注银行股豪赚 70 亿美元，回报率达到了 120%。凭借杰出表现，泰珀的年度个人收入高达 40 亿美元。

在美国华尔街，这种"捡破烂"式的投资方式曾经长期处于边缘地位，然而在泰珀巨大成功的照射下，如今已经受到外界关注。

大卫·泰珀这个名字近几年不断地出现在《华尔街日报》《金融时报》《阿尔法》等各大财经媒体上。当很多人还在金融危机的阴霾里艰难奋斗时，他却悄悄地开始数自己所赚的钱了。

也有投资专家认为，泰珀拥有在充满恐惧与信息不清的市场环境下保持冷静和头脑清醒的能力，从而使得他能够精准地发掘那些不被市场看好但具有潜在价值的投资标的。

泰珀自称是一个价值投资者，并且把巴菲特当作偶像。然而有观察人士指出他并不是一般价值投资者，由于价值投资讲究长线投资，然而他极少通过长期持有股票赚钱，通常更换投资组合，并且将一半以上的投资组合都投资到单一板块上，投机成分更浓厚。

这就是他，一个喜欢投资那些陷入困境的公司的价值投资者。

泰珀的抄底经验是：

仅仅就股市泡沫形成来说，有几个必要的环节和过程：一是基本面的支撑，例如，业绩快速增长、企业转型以及国家改革等。二是必须有不断看好的人加入，而且供给相对于需求不能迅速增长，此时价格很快出现上扬；价格的上扬吸引投机者加入，表现出来的则是量价飙升。三是价格的飙升刺激供给迅速增长，随着认识的积累，大家发现所追求的物品名不副实，导致供大于求，泡沫就会崩溃。

泡沫的形成和破裂，无疑会大大影响资金的积累和损失，并且非常迅速，就像这次股市的大幅飙升和崩溃。

利用泡沫的盈利过程是建立在流沙之上的策略，才可以获取巨额盈利，这是泰珀所采取的一种策略，也是大多数人所采取的一种策略。试想一下，假如无人看好呢？若是我们接了最后一棒呢？

假如我们想要在这个市场上，就应该将自己的投资建立在坚石之上，即公司本身的价值，也就是低估的公司，包括价值与成长价值的低估。从这个意义上来说，通过谨慎的估计和判断，可以购买任何一个低估的品种。

二、抄底需要有充足的资金

泰珀认为，每当股市大跌的时候，交易者更容易发现过去曾经错失的交易良机。此时，假如手中有足够的现金，就能够随时打短差。打短差就是一种操作策略，并不违背长期投资理念。长短期操作相结合，更加有利于提升投资效益。

整个 20 世纪 90 年代泰珀的基金发展极其稳健，2001 年泰珀更是准确地抄了几家破产公司的底，并在年终获得 61% 回报率的惊人业绩。

即便是在基金做大以后，泰珀也拒绝像其他基金经理一样依靠扩大投资面来降低风险。他向来信奉集中资金的重要性并将公司托管的大多数资金都投入自己的老本行：抄底那些"最棘手的公司"。

到了2007年，泰珀已经打理了53亿美元的资金。投资者主要以净资产很高的个人和保险基金为主，他要求其客户签署以三年为单位的托管协议并且承诺在协议期间不撤除超过总投资四分之一的资金。

泰珀对投资者这种不寻常的苛刻在将要来临的金融海啸中获得充分的回报。当金融危机造成标准普尔指数狂泻38%时，摩根士丹利权威分析师梵·斯丹尼斯放出大话说道，对冲基金资产将从2008年的1.93万亿美元崩溃至9500亿美元。在2008年6月至2009年6月人心惶惶的一年中，投资者从对冲基金撤资将近3000亿美元，而泰珀的投资尽管也承担近25%的亏损，然而他并没有丢掉太多的客户，这让他有充足的抄底市场的子弹。

每当股市发展至最疯狂的时刻，泰珀就早已备足现金，等着机会，从而能够及时捕捉到自己原来看好的股票，在价格最低时将它收入囊中。

泰珀认为，很多操作机会是等来的。因此，一是要耐得住性子等着，二是必须要准备足够的资金。他相信，股市的下挫会给价值低估的股票创造最佳的买入良机，此时关键是要有实力。

至此，我们应当明白三点：一是在一般情况下，你在一只"好股票"大跌时抄底通常能够赚大钱。二是在抄底时买进的股票，是跌破内在价值的股票，抄底就是投资，而不是投机。因此，在抄底的时候，就必须要做挨套准备，甚至是长期挨套准备，然而心里应该明白，被套必然是暂时的，市场总会自我纠错的，最后一定能赚大钱。三是能抄底的资金必须是长期资金，可以经受得住长期的套牢，至少能够承受被套2年时间，如果以短期资金，并且以短期投机的心态抄底，则本来能够赚钱的买卖也通常会变成赔钱的买卖。

不过，做长期套牢的心理准备，并不意味着一切的抄底都应该经过一个长期套牢的过程，泰珀所说的是战略层面的问题。然而遵守这些原则只会有好处，如果你不具备长期资金，并且也没有对于股票估值的能力，则抄底是盲目的，也是有巨大风险的。在此情况下，还不如运用顺势交易的方法，赢面会提高许多。

三、专注于操作垃圾债券

"抄底"，就是这位另类投资者的操作策略，以选择"麻烦重重"的公司和盯准"受尽冷遇"的操作方式，让很多投资者称泰珀为"捡破烂"。尽管这种方式让大多数人很难理解，然而利用此策略，泰珀创造出了很多的投资奇迹。

1993 年，阿尔格玛钢铁公司申请破产保护，泰珀在认真研究资料之后，他发现该公司的优先股事实上就是公司的第一级抵押债券，抵押品是公司的工厂和总部。他立刻以每股 20 美分的价格购买这些优先股，而一年之内，他就以每股 60~80 美分的价格将其抛出，这也是泰珀早期操作的经典案例之一。

当然，与很多同行一样泰珀的成功并不是一帆风顺的，他的每一步路均充满坎坷，如今看来，其成功得益于他每一次操作时对于自己的坚持。

1998 年，泰珀购买他认为已经接近谷底的俄罗斯国债，不过因俄罗斯政府直接宣布国债违约，这让泰珀和全球投资者不禁大跌眼镜，他直接亏损 29.2%。当大多数人都在质疑他最初的决断的时候，泰珀继续维持自己对俄罗斯的判断，并不可思议地于 1999 年继续投资违约后的俄罗斯国债。尽管当时很多人不理解，不过最终泰珀的坚持不仅挣回了所有亏损，还为他创造了 60.9%的回报。

在 2000 年及 2001 年，加利福尼亚州的大片地区面临停电以及电力公司破产问题。因公司人工操纵关停维护电厂，致使在用电高峰时电力短缺，接着，他们提升了价格，并且允许中间商加价。政府应对的措施就是设定一个零售电价上限，这便迫使行业销售商处于损失状态。加利福尼亚州的干旱燥热以及人口增长加剧了事态的发展。所以，太平洋天然气与电气公司（PCG）最终破产，南加州爱迪生电力公司也面临破产危机。最后加州政府介入，来拯救垂死的电力公司，这些公司在 2001 年之初有 20 多亿美元的债务，它的信贷评级已经被降到垃圾级别。于 2001 年 1 月，国家批准加州电力部门为南加州爱迪生电力公司买入电力，此公司在 2003 年开始恢复本身采购电力的能力。泰珀从 2001 年到 2003 年购入了受灾最严重的爱迪生电力公司数以百万计的股票，价格大多数在 10 美元或者更低。他在 2004 年卖出时其股票已经上升到 25 美元左右，在这一年里，泰珀便进入《阿尔法》杂志 25 大最高收入基金经理前十位。

与此同时，泰珀在安然、世通以及康塞克公司破产案中也获得丰厚的利润。

2002 年，泰珀购入至少 10 亿美元、原值是 140 亿美元的安然公司不良债务，安然公司最后破产，并把公司大多数资产归还给债券持有人。

世通公司因隐瞒亏损误导公众对该公司做出错误的盈利预期，当其后来拖欠债务的时候，债券投资者的亏损大约为 76 亿美元，泰珀当时选择了购买。"我购买了一些。这家公司极其庞大，并且有着巨大的营业收入，因此我可能最终会赚钱。"他那时候对《西雅图时报》这样说。

康塞克公司是一家美国保险公司，于 2003 年提出了破产保护，并注销了它的股票。泰珀趁机购入了很多廉价的康塞克债券，这个公司于 2003 年摆脱了破产威胁。

泰珀主要专注于操作不良债权。他热衷于购买面临危机的公司的不良债务，当公司好转后将其卖出。1985 年泰珀加入了高盛集团刚刚成立的高回报基金，在基金成立 6 个月之后，泰珀就升职为首席交易员，专攻濒临破产以及特殊时期的公司。在 20 世纪 80 年代，垃圾债券蓬勃发展的时候，泰珀所领导的部门表现出色，从而成为高盛最赚钱的业务之一。1989 年垃圾债券市场将要崩盘的时候，泰珀果断购买陷入困境的银行债券，让高盛获得巨大的盈利。

然而于 1992 年 12 月，由于不能进一步升职为公司合伙人，泰珀便离开高盛，并跟另一位高盛垃圾债券交易员杰克·沃尔顿在新泽西一个不起眼的小镇上注册了阿帕卢萨投资管理公司。这家当时主要由员工持股的基金一开业，由于专门操作各种垃圾破产证券引来同行们怪异的目光。即使这样，初创的第一年，阿帕卢萨投资管理基金便获得了 57.6%的高回报，一年以后，这个基金管理的资产规模已经从初创时的 5700 万美元大幅增至 3 亿美元；2003 年，泰珀被评选为"华尔街最热门的投资者"。到了 2010 年底，阿帕卢萨投资管理的资产规模达到 160 亿美元。而依据泰珀在写给投资者的一封信中说，假如投资他的基金，1993 年的 100 万美元已变成目前的 1.49 亿美元，换算成年均回报率就高达 30%，并跑赢大盘 28 倍，2013 年只是在上半年，他就取得 14%的利润。

对于大多数人而言，"高收益债"可能是非常陌生的词汇，顾名思义则是指收益率比较高的债券。高收益债的另一个名字便广为人知，即"垃圾债"，因为信用评级较差、发行利率高，所以获得此名。然而"垃圾债"的发债主体并不都是垃圾企业，海外评级公司给了这些债券并不太高的评级，其中就包括许多优质的国内公司，例如，招商银行被评级 BBB+，恒大 B+，融创 B+。甚至一些美国的著名公司，例如，Sprint、Rite Aid、HCA 等也都是垃圾评级。

全世界的高收益债以发达国家特别是美国为主，高收益债在美国 20 世纪 80 年代蓬勃发展，如今全球市场规模已超过 2 万亿美元。按照有关专家统计，从 1985 年至 2010 年的 25 年间，美国高收益债的平均违约率只是 4.23%，目前的违约率在 2.5%左右，大大低于历史 4.2%左右的违约率。依据穆迪数据显示，高收益债的违约回收率是 50%左右，即违约后投资者平均能够拿到 50%左右的本金。

债券的优点则是相对稳定的现金收益，假如没有发生信用风险，投资者就可以获得本金和利息（当然因利率和市场偏好，价格会有波动），然而价值有底部和顶部，相比股票投资确定性高许多。高收益债券就是一个风险介于投资级债券和股票之间的品种，而历史长期回报并不比股票差。高收益债券的表现主要仍然与经济周期相关，目前美国和欧洲缓慢复苏，对其依然是利好。我们觉得时机还不错，在市场信心不足的时候，买入有固定现金流，并且能够出现价值回归的产品，应该是个很好的选择。看 2003 年至 2006 年的升息周期，高收益债券的整体表现依旧很好，因此我们依然看好高收益债券。

现在发达国家，特别是美国的经济复苏迹象明显，企业基本面比较好，现金比较充裕，2008 年后企业杠杆率明显下跌。在短期利率依然维持在较低水平的情况下，投资对长期利率敏感度比较低，且有比较高利息收入的全球高收益债券，是平衡风险和收益的理想选择之一。未来 2 至 3 年将依然是高收益债一个比较好的历史周期，我们把主要通过研究企业基本面来规避违约风险，同时必须要进行宏观分析和行业分析，来尽可能避免整体状况较差的行业。

投资者必须注意的是，垃圾债券公司的信用可能是不错的，他们可能只是想发行更容易占有市场的没有级别的债券。垃圾债券不履行责任的机会远大于那些有投资信用级别的债券（BBB 以上等级）。然而，高风险也意味着垃圾债券比其他高等级债券有着更高的收益。并不是所有垃圾债券都不履行责任，事实上，大部分垃圾债券都不会。通常发行公司都会持续支付利息直至到期日，或者收兑债券和运用评级债券再融资。

缺乏流动性则是垃圾债券投资的风险，也是垃圾债券支付高收益的另一个因素。所谓流动性就是指债券在交易时不会由于一般市场状况以及债券的种类和头寸的变化而产生价格的大幅波动。然而若把垃圾债券持有到期的话，便会避开这一风险。

无论什么时候，投资者决定购买低级或者没有被评级的债券以投机性地获得高收益，都必须检查一下收益差。对比一下垃圾债与更安全的高等级债券有多大的收益差能够补偿投资与垃圾债券所增加的风险，看看垃圾债券对国债的收益差是否能够足够补偿加大的风险。

对于一些较为激进的投资者是可以选择投资于垃圾债券的，然而在更多的时候，投资登记的债券应当是谨慎的选择。垃圾债券的操作对于专业的证券组合经理可能是适合的，然而对于个人而言，所导致的亏损可能是无法承担的。因此，操作垃圾债券还是需要谨慎的。

四、从冷门股中掘金

泰珀是一个冷门投资大师，然而他对无人问津的冷门股却表现出了很大的热情。这位基金公司掌门人，在与其分析师们讨论重大投资时，就会扔出一张 20 美元钞票，便问道："你会不会去捡？"他的观点是：最好的交易则是寻找并发现金钱。

自从 1993 年创立阿帕卢萨投资管理公司，一直至 2008 年，泰珀的年均回报率高达 30%，而他的最大盈利大多数都来自大笔买入受到冷遇的投资。

泰珀一向看好被冷落的有发展潜力的公司，他也在这类公司中获得巨大的好处。他认为，投资于这样的公司的风险要比投资于热门行业的热门股票的风险小得多。

冷门股票通常是那些交易量小、周转率较低、流通性较差、股价变动幅度较小，于是很少人问津的股票，往往横盘为主，这种股票的上市公司经营业绩通常不好，投资有比较大风险。对初涉股市者而言通常不要轻易投资冷门股。冷门股票另外一种情况则是前一段时间大幅上升，接着不断地震荡下跌。然而冷门股也不是绝对冷，有的时候遇上机遇，"爆出冷门"的情况也是会有的。

泰珀认为，非热门行业的有潜力的公司能够给投资者带来高盈利，其主要原因是，很多投资者并不关注这类股票，投资于这类股票的人极少，因此先购买它的投资者以很低的价格就能够买到该股票，这样会极大地降低投资者的初期投资成本。有发展潜力的冷门股票在呈现增长趋势前通常表现比较平淡，股价也往往在低位徘徊，这十分有利于投资者运用有限的成本构造出较高的仓位。还有一个很重要的原因就是盈利能力是决定一个公司股价走势的最终因素。假定非热门行业的好公司经营有方，就可以获得很稳定的利润和业绩，那么它的股票必然会吸引很多投资者，并且令其股价大幅度上涨，因此在初期建立仓位的投资者会由此获得丰厚的收益。不过，这种投资获利是基于长期投资的，假如投资者不接受长期投资而是关注短期投资，关注热门股票与热门行业，是不会在冷门行业的有潜力的公司的投资中获得收益。

回避热门行业里的热门股票是泰珀对投资者的忠告；反之，那些被冷落、不再增长的行业里的好公司则是泰珀提醒投资者必须重点关注的板块。

在股市打拼，非常激动人心、期望出现的结果，必然是赶上热点、骑上"黑马"，获得短线暴利。但是，并不是人人都能把握热点、驾驭"黑马"，特别是对于处于相对弱势的普通散户而言，把握起来就更为困难。

那么，作为个人投资者，无法把握热点、驾驭不了"黑马"，是否就注定要处于弱势、被动地位而成不了赢家？回答是否定的。与风靡一时的"热门股"相比较，"冷门股"实际上也是最难得的"金矿"。只要掌握得当，操作"冷门股"的收益未必比"热门股"差。

投资"冷门股"，第一必须注意品种选择、总量控制。通常情况下，要选择那些基本面较好、调整幅度比较大、没有被市场爆炒过、自己长期跟踪、股性比较熟悉的股票。投资时，采用逢低分批方式买入。

第二必须注意快进快出、见好就收。因买入的"冷门股"，投资策略定位的是短线，目的是赚取差价，所以要特别注意防止"由短变长"、造成被动，要尽量地少坐电梯、做足差价。

第三必须注意防止患得患失、追涨杀跌。个人投资者操作时一个共性的弱点是患得患失，上涨时怕再涨——不敢卖出，下跌时怕还跌——不敢买入，心一软、手一慢，出手的好时机通常被一而再、再而三地错失。这是其一。弱点之二是追涨杀跌，刚卖出的股票，见一个劲地还在上涨，忍不住以更高的价格买入，一不小心，做了反差；刚买入的股票，见不涨反跌，因此担心它跌了还跌把它卖了，不知不觉，卖在了"地板价"。正确的投资方法是，对于卖出的股票，能跌最好，不跌也罢，然而绝不追高买入；反之，要越涨越卖（长线仓位除外）。

不过，尽管技术再老到的高手，在投资"冷门股"时也不可能有百分之百的胜算，也难免会有失误的时候，更何况短线投资的是"冷门股"。当然，这样的"冷门股"因本身已在低位，长期深套的可能性不大，所以通常不宜采取"止损术"。假如买入后不幸被套，可以暂时放上一段时间，若有低位出现还可适量补仓，只需把期望的差价区间、波动中轴适当下移即可，并不影响"高抛低吸"做差价。

若要挖掘的话，最好策略是：热门中寻找冷门股，冷门中寻找热门股。投资者应尽可能寻找行业独特和走势独特类似的股票。首先选行业，然后再选业绩，最后再分析走势图和成交量的变化。

那么，怎样选择冷门股？

对于公司经营状况不好的冷门股来说，最好不要购买，由于最终股价能否上涨取决于公司是否盈利，投资一家经营状况不好公司的股票无法得到预期回报。投资者更不要贪图冷门股的低价位，由于对该类股感兴趣的人数极少，其股价自然无法上涨。

对于由于受外部因素影响的冷门股来说，假如股票具备如下条件，可以适当进行关注：

（1）公司经营没有发生重大危机，成长前景没有出现恶化的迹象。

（2）市盈率要比同行业的股票低。

（3）成交量渐渐有放大走出低迷状态的迹象。

如何避开冷门股的陷阱？

我们不能由于股票的冷热程度不同，而把一个股票的价值迎合市场心理地去随意调整。

有的热门股，尽管一直涨，然而只要其内在价值不断地提高，并且始终高于市价，那么我们仍可以把它列入低估的范畴。

同样，有的冷门股，尽管一路下跌，然而只要其内在价值不断丧失，并且仍大大低于市价，那么我们仍然可以把它列入高估的范畴。

依据实践经验，既然过去它们热门过，就有热门的因素。当这些热门股经历了长期的深跌变冷之后，剔除掉那些的确不行的，找到那些企业基本面很好的，只要买得够便宜，并且业绩的确实现了好转变持续成长，将来，大众又会重新回忆起自己所看好的理由的，而且，此时的看好，不再是过去那种泡沫概念，而是确实的业绩支撑，大众就会更加有信心，也会更为疯狂。

具体来说，有如下三条标准：

第一条标准是行业必须要有远大前景。有远大前景的行业既包括一些传统行业，例如有长期稳定需求的酒、药、快速消费品等行业；又包括新兴产业，例如环保等，这是安全投资的首要保证。

第二条标准是目标要是细分行业。龙头行业地位最好排名是前一、二名（稳定快销行业可适当放宽排名标准），往往这种龙头能够成为长跑冠军，其他大多数是失败者、淘汰者，这是安全投资的长期保证。

第三条标准是企业要真的会赚钱。毛利率要高，销售收入最好能迅速增长（不排除短期遇到困境，但长期需要依然很大），不会赚钱的企业绝不是一个好的交易对象。

五、抄底花旗银行股

2009 年，美国金融危机爆发之后，大家都认为全球金融体系处在崩溃的边缘，然而泰珀却保持冷静，购买很多严重受压的大银行股票——花旗集团与美国银行。至 2014 年底，美国银行与花旗集团已经从后危机的低点翻了三四倍，从而给泰珀的对冲基金制造了 70 亿美元，其中 40 亿美元直接进入泰珀的钱袋。尽管事后这看起来是个稳赢的赌，然而当时大家担心大银行会国有化。

对面临破产企业浸淫多年的泰珀马上看到了机遇，并且在别人纷纷套现保本的情况下大举购入欧美很多家被众人抛弃的银行股。

2009 年之初，美国银行业陷入低潮，2009 年 2 月 10 日，美国财政部出台了"金融稳定计划"，包括政府收购银行优先股以及向银行注资等。可是在计划推出当天，道琼斯指数下挫了超过 382 点，跌幅达到 5%。接下来几天中，银行股持续下挫。2 月 20 日，美国银行的股价下挫到 2.53 美元。那时候，交易者们担心政府最后不得不将大型银行收归国有。

对于泰珀而言，买进的时机到来了。他说："若政府推出这样的计划，他们便不会国有化这些银行。"此外，这些优先股的转换价格则意味着银行股股价被严重低估了。

那时候市场上很多的投资者正陷入一片恐慌。泰珀在公司的交易大厅中对合作伙伴之一的卢卡奇（Michael Lukacs）说："这非常荒唐了，非常疯狂了！政府怎么会说话不算数？他们不会让这些银行破产的，大家失去理智了！"泰珀认为美国财政部承诺购买银行的优先股，而优先股的转换价格大大高于当时的普通股市价，这则意味着银行股股价被严重低估了——"若政府推出这样的计划，他们便不会国有化这些银行"。泰珀跟卢卡奇以及另外一位高管伯林（Jim Bolin）聚到一起开会。他相信，刺激支出与低利率将提振经济。他说，他估计美国政府将花旗等银行收归国有的概率仅仅为 20%。伯林对银行表示出乐观态度，当然依然认为持有银行债券比高风险的股票要更安全。泰珀说他听了同事的看法，然而他觉得已经到了押大注的时候。阿帕卢萨投资管理公司的人说伯林通常比泰珀更为保守。

在几个星期时间内，泰珀的团队买入了许多品种的银行投资，包括债券、优先股以及普通股。在这一期间他们买入了美国银行、花旗银行、五三银行以及太阳信托银行的股份，除此之外，于 2009 年之初，他们还购买了美国国际集团（AIG）、德国商业银行以及英国莱斯银行的债券，都只用了很少的资金。其中，他所持有的花旗银行股票的平均成本为 0.79 美元，美国银行为 3.72 美元，AIG 债券只有 10 美分，就在几个月之前，政府曾经注资数十亿美元维持美国国际集团（AIG）等公司的生存，就像他们目前对银行所做的那样。然而，这并没有阻止这些股票的大跌。于 3 月之初，美国银行股价比年初下挫 80% 左右，花旗银行股价更是跌破 1 美元，甚至在 3 月最低点的时候，泰珀的基金损失达到 10%，大概 6 亿美元。此时，泰珀拿起电话进行了更多交易，以往他往往把这件事交给下属完成。然而现在，他想直接跟华尔街经纪人交流，看一看情况糟糕到了什么程度。结果他被告知自己已经成为当时市场上银行股的最大买家，也是那时候大笔买入的唯一大投资者。

泰珀回忆说，我感觉到一个人在孤军奋战，有的时候甚至根本无人开价。泰珀的博弈取得了回报。至 2009 年 3 月下旬，花旗集团股价上升了两倍，泰珀的其他垃圾债券也开始上升。

多年的经验和大胆的冒险最后给他带来了超级回报：根据美国证券交易委员会披露，于 2009 年第四季度，泰珀持续增持银行股。到 2009 年底，金融类股票投资占据了他总投资的 86%，里面包括 1.3 亿股花旗银行普通股（比 2009 年 9 月 30 日的 7900 万股增长 73%），市值高达 4.5 亿美元，从而成为花旗银行的第二大股东。与此同时，他还买入了美国富国银行 1.1 亿股普通股。仅这一战役，泰珀掌管的基金由于押注银行股豪赚 70 亿美元，他的年度个人收入也高达 40 亿美元，并且在一年内跃居世界富豪榜第 166 位。117.3% 的总体年回报率不但把他旗下的阿帕卢萨投资管理推向了大型对冲基金世界第一的宝座，也将泰珀本人推上了基金经理个人报酬榜榜首。而经过这一年之后，投资者看到了泰珀惊人的回报率，揣着很多资金前来，使阿帕卢萨投资管理公司的资产规模从 50 亿美元大增到 120 亿美元。

六、冒险押注新领域

泰珀除了操作银行类股票，他还在 2009 年冒险下了另一大赌注，购买了将近 20 亿美元备受打压的商业抵押贷款担保证券，这是他从来没有涉足过的投资领域。

泰珀于 2009 年的每个季度末，都关注到投资者抛出商业房地产支持的问题债券，并且相信这或许是一个机会。他组织了一个 10 人团队对此现象做出了专门研究，发现此项投资具有吸引力，其中一些债券交易看来非常安全，并能够取得 15% 以上的收益。

他逐渐地投入 10 多亿美元，获得了高评级的商业抵押贷款支持证券 10%~20% 的所有权，重点就是纽约 Stuyvesant Town 以及 666West57thSt. 等物业的贷款支持债券。之前两年中它们的市值遭受重挫，泰珀赌的是：若经济好转，他将来会从这些债券上赚取巨大的利息。然而若这些物业赚不回来投资，他还拥有许多债权，对物业的重组将有相当大发言权。此意味着，他最后都能够左右逢源。尽管一些分析师警告说，他的这种做法风险非常大。商业房地产的价值持续下跌，债务类产品的所有者并不一定总有极大权力影响商业房地产的重组。并且，因为这些大物业的债务被分割成了许多块，有很多投资者参与，任何控制权之争都将特别复杂。然而泰珀说，杞人忧天的想法是完全错误的：假如你像我们一样认为经济将会不错，则我们会做得很好。

泰珀用母校教授迈尔策（Allan Meltzer）说过的一句话对自己的投资理念加以注解——"树总是要长的"。换言之，增长是经济体的自然状态，因此乐观往往是会有回报的。

泰珀对事情有远见，而且能依据对未来的看法做出抉择。泰珀曾经的同事说，"他会购买那些能够反映他宏观预期的投资标的"。

第四章　彼得·林奇抄底的秘诀

人物简介

彼得·林奇（Peter Lynch），是美国乃至全球首屈一指的投资专家。他对投资基金的贡献，就犹如乔丹对篮球的贡献那样，他将基金管理提升到一个新的境界，把选股变成了一门艺术。

彼得·林奇生于 1944 年，15 岁开始小试股票投资，赚取学费，1968 年毕业于宾夕法尼亚大学沃顿商学院，取得 MBA 学位。1969 年，林奇进入富达公司。1977~1990 年，他一直担任富达公司旗下麦哲伦基金的经理人。在这 13 年间，他使麦哲伦基金的管理资产从 2000 万美元增至 140 亿美元，年平均复利报酬率高达 29%，几乎无人能出其右。麦哲伦基金也由此成为世界上最成功的基金，投资绩效名列第一。1990 年，彼得·林奇退休，开始总结自己的投资经验，陆续写出《彼得·林奇的成功投资》《战胜华尔街》《学以致富》等著作，轰动华尔街。

成功关键：是发现具有持续盈利、不断成长、兼具价值的快速增长型公司，即快速增长型公司的特点是规模小，年增长率为 20%~25%，有活力，公司比较新。

操作风格：中长线投资。

抄底名言：股市波动的历史规律告诉我们，所有的大跌都会过去，股市永远会涨得更高。历史经验还表明，股市大跌其实是释放风险，创造投资的一次好机会，能以很低的价格买入那些很优秀的公司股票。

但抄底并没有那么简单。与其去不断抄"底",不断被套,不如等底部出现后再介入不迟。

一、彼得·林奇抄底战役

1987 年 10 月 19 日,又是十月,星期一,道琼斯指数一天之内就暴跌 508.32 点,跌幅高达 22.6%,成了第一次世界大战以来美国股市历史上最大跌幅,大大超过了 1929 年 10 月 28 日那天 11.5% 的跌幅。只是这一天内,美国股票市值亏损达到 5000 亿美元,等同于美国当年全年国民生产总值的 1/8。这是一个最黑的"黑色星期一",一个"华尔街历史上最糟糕的日子"。

大多数人由百万富翁沦为赤贫,精神崩溃甚至自杀。当时美国证券界超级巨星彼得·林奇掌握高达 100 多亿美元的麦哲伦基金,一天之内基金资产净值亏损了 18%,亏损高达 20 亿美元。彼得·林奇与国内几乎所有开放式基金经理一样,唯一一个选择:抛出股票。为了应付非同寻常的巨额基金赎回,彼得·林奇将不得不卖的股票都卖了。

过了一年之后,他回忆起来依然感到恐惧:"那一时刻,我的确不能确定,究竟是到了世界末日,还是我们将要陷入一场严重的经济大萧条,又或是事情并没有变得那么糟糕,仅仅只是华尔街将要完蛋?"

彼得·林奇经历过许多次股市大跌,但依然取得了很成功的业绩。或许他的三个建议值得我们借鉴:

一是不要恐慌而全部低价抛售。彼得·林奇谈道:"假如你在股市暴跌中绝望地抛出股票,则你的卖出价格通常会很低。尽管 1987 年 10 月 19 日的行情使得你对股市的走势感到惊恐不安,你也不必这一天甚至也不必在第二天将股票抛出。你可以逐渐减持你的股票投资组合，从而最终能获得比那些由于恐慌全部抛出的投资人更高的投资回报。由于从 11 月开始股市就稳步上升，到了 1988 年 6 月，市场已经反弹了 400 多点，也就是说，涨幅超过了 23%。"

二是对持有的好公司股票必须要有坚定的勇气。"操作股票要赚钱，最重要的是不要被吓跑。这一点如何强调都不过分。"彼得·林奇最推崇巴菲特面对股市暴跌时的勇气。巴菲特曾告诫投资者，那些很难做到自己的股票大跌市值亏损 50% 仍坚决持股不动的投资者，就不要操作股票。

三是敢于趁低购买好公司股票。彼得·林奇认为暴跌就是赚大钱的最佳时机："股价暴跌而被严重低估，才是一个真正的选股者的最好投资机会。股市暴跌时大家纷纷低价抛出，就算我们的投资组合市值可能会亏损 30%，这也没什么大不了的。我们不要将这种股市暴跌当作一场灾难，而是要将股市大跌当作是一个趁机低价买入股票的机会。巨大的财富通常就是在这种股市暴跌中才有机会赚到的。"

二、面对暴跌的时候，千万不要恐慌

也许有许多投资者在暴跌后会问另一个问题：是否能预测出股市暴跌？回答该问题，我们首先应该看一看历史事实，是否有人曾经准确预测到股市暴跌？

彼得·林奇发现，在 1987 年 10 月美国华尔街股市大跌 1000 点前，没有任何一个投资专家或者经济学家预测到此次股市暴跌，也无人事前发出警告。有很多人声称自己早已事先预测到这次暴跌，然而如果这些家伙果真预测到的话，他们早就会提前将其股票全部抛出了，那么因为这些人大规模抛出，市场可能早已在几周甚至几个月前就暴跌 1000 点了。

　　下面是彼得·林奇的安慰书：股市暴跌的时候怎么安慰自己恐惧的心？

　　每当股市暴跌，我对将来忧虑的时候，我就会回忆以往历史上发生过 40 次股市暴跌这一事实，以安抚自己那颗有些恐惧的心，我告知自己，股市暴跌实际上是好事，使得我们又有一次好机会，以极低的价格购买那些很优秀的公司股票。

　　或许将来还会有更大的股市暴跌，然而既然我根本无法预测什么时候会发生股市暴跌，而且据我所了解，与我一起参加巴伦投资圆桌会议的其他投资专家们也无法预测，那么为什么幻想我们每个人都能提前做好准备免受暴跌之灾呢？

　　在之前 70 多年历史上发生的 40 次股市暴跌中，尽管其中 39 次我提前预测到，并且在暴跌前卖掉了所有的股票，我最终也会后悔万分的。由于即使是跌幅最大的那次股灾，股价最后也涨回来了，而且上涨得更高。

　　股市下挫没什么好惊讶的，这种事情总是一次又一次发生，犹如明尼苏达州的寒冬一次又一次来临那样，只不过是极其平常的事情而已。假如你生活在气候寒冷的地带，你早已习以为常，事先早已预计到会有气下降到能结冰的时候，则当室外温度降到低于零摄氏度时，你一定不会恐慌地认为下一个冰河时代将要来了。而你会穿上皮大衣，在人行道上撒些盐，防止结冰，就一切搞定了，你会如此安慰自己——冬天到来了，春天还会远吗？到那时天气又会暖和起来的！

　　成功的选股者与股市下挫的关系，如同明尼苏达州的居民和寒冷天气的关系似的。你懂得股市暴跌总会发生，也为安然度过股市暴跌做好了准备。假如你看好的随其他股票一起暴跌了，你就会快速抓住机会趁低更多地买进。

　　1987 年股市大跌以后，道琼斯指数曾经一天之内下挫了 508 点，那些投资专家们异口同声地预测股市将要崩溃了，然而事后证明，虽然道琼斯指数大跌 1000 点之多（从 8 月指数最高点计算跌幅达 33%），也没有像大家预料的那样股市末日来临。这仅仅是一次正常的股市调整而已，虽然调整幅度很大，然而也只不过是 20 世纪 13 次跌幅超过 33% 的股市调整中的最近一次而已。

从此以后，尽管又发生过一次跌幅超过 10% 的股市暴跌，也只是历史上第 41 次而已，也就是说，尽管这次是一次跌幅超过 33% 的股市暴跌，也只是历史上第 14 次而已，没有什么好大惊小怪的。我通常提醒投资者，这种股市回调不可避免，总会发生的，千万不要恐慌。

三、不必企图预测股价底部

彼得·林奇有这么一句名言："不要抄底。"意思就是说，假如投资者确信在公司基本面没有出现很大的问题时股价下跌到合理估值水平之下，就可以考虑买入，而不必企图预测股价底部。

买最便宜的股票是大多数投资者都向往的投资机遇，更是价值型投资者信奉的盈利模式。然而，到底什么样的价格是"最便宜"的价格，或者称为"底"，并没有明确的标准。抄底通常是对已经发生的在最低点买入的描述，然而无法判断未来什么样的点位是底部。另外，有些股票价格迅速下跌并不是由于低估，通常是由于公司基本面确实发生的问题，若在此时买入，不但股价不会迅速反弹；相反地，在基本面未明了之前还有进一步下挫的可能。

所谓抄底指的是以某种估值指标衡量股价下跌至最低点，特别是短时间内大幅下跌时买入，预计股价将会迅速反弹的操作策略。

股票抄底具有如下几个特征：

（1）总成交量连续萎缩或者处于历史地量区域。

（2）周 K 线、月 K 线均处于低位区域或是长期上涨通道的下轨。

（3）涨跌幅榜呈现橄榄形排列，即最大涨幅为 3% 左右，而最大跌幅也为 3%左右，市场大部分品种处于微涨、微跌状态。

（4）指数越往下偏离年线，底部的可能性越大。通常在远离年线的位置出现横盘抗跌或者 V 形转向，至少是中级阶段性底部已经明确成立。

（5）尽管时有热点板块活跃，显示出有资金运作，然而明显缺乏持久效应，更无阶段性领涨、领跌品种。

（6）消息面上任何轻微的利空就能够快速刺激大盘走中阴线，这种没有任何实质性做空力量却能轻易引发下挫，表明市场人气已经脆弱到了极点。

（7）很多的个股走势凝滞，买卖委托相差悬殊。按照买 1、买 2 价格挂单 100 股进行测试，成交率极低。

（8）债市现券大多数出现阶段性脉冲行情，基金经理们开始一致看好国债，这在"5·19"和"6·24"前夕均表现出惊人的一致。

当然，将底部的形态特征总结成为简单易懂的规律进行记忆仅仅是第一步，投资者还必须学会举一反三，例如，上面所述八条典型特征完全反过来便成为中期、长期顶部的技术特征。

四、底部并不是一个点，而是股票内在价值

归根结底人人都说要抄底，但是在彼得·林奇眼里，所谓底部并不是一个点，而是一个区域；这个区域指的不是股指，而是股票内在价值。因此，在彼得·林奇看来，只要股票内在价值进入值得投资的区域，此时就可以抄底了。

彼得·林奇的投资风格：永不投机、永不追涨杀跌、永不买高估值的股票；以一个合理偏低估的价位买入有业绩支撑的成长型的价值股。专注投资，不做小波段，一路拒绝诱惑，中长线持有两三年；等待估值回

归，并一直持有到整体市场和目标企业内在价值过度高估才慢慢抛出，即大周期、大趋势、大波段的"低买高卖"。

彼得·林奇说："经过研究和分析，我发现这家公司的收益在过去的4年内以每年20%的速度在增长，没有一个季度出现过下滑，资产负债表上根本没有任何负债，并且它在上一次经济衰退中表现也非常好；目前公司的业务和管理层都非常稳定，公司业务继续增长的趋势没有发生任何变化。最重要的是，由于与公司业务几乎无关的原因，导致公司的股价也随之大跌。"

彼得·林奇有这样的经验：

"差不多在我刚开始为富达工作的时候，我很喜欢凯泽工业这只股票。当时凯泽的股价从25美元跌至13美元。那时我认为既然股价已经下跌了这么多，它还能跌多少呢？我们买入了美国证券交易历史上规模最大的一宗交易。我们要么买入1250万股，要么就买入了1450万股，买入价是11.125美元，比市场价格低1.5美元。我说，'我们在这只股票上面做的投资多好啊！它已经下跌至13美元。从25美元跌到这个水平，不可能跌得更低了。现在是11.125美元。"

"当凯泽的股价跌至9美元的时候，我告诉我母亲，'赶紧买，既然股价已经下跌了这么多，它不可能跌至更低。'幸运的是，我母亲没有听从我的建议，因为股价在接下来3个月跌至4美元。"

"凯泽公司没有负债，持有凯泽钢铁50%的股份，凯泽铝业40%的股份，凯泽水泥、凯泽机械以及凯泽广播30%的股份——该公司共计持有19家子公司。在那个时点，由于股价跌至4美元，1亿美元可以把整个公司买下来。"

"回想那时，一架波音747飞机的售价是2400万美元。如今，我想这么多钱你连波音747的一个厕所都买不了，或许可以买一个引擎。不过那时凯泽工业公司的市值可以买下4架波音747飞机。该公司没有负债。我不担心它会破产。但是我买入得太早了，我们不能买入更多股份，因为我们已经达到了上限。"

"最终在 4 年之后，他们清算了他们持有的所有头寸，结果这只股票成为一个极好的投资。最后每股的价值是 35 美元或 40 美元。但是，仅仅因为一只股票的价格已经下跌很多而买入不是一个好的投资思路。"

彼得·林奇认为，过去 10 年经历了经济衰退与通货膨胀以及石油价格的大幅波动，但不管发生什么变化，股票价格一直随着收益波动而波动。最终公司股价走势取决于公司价值。尽管有时要经过数年股价才能调整到与公司真实价值相符水平，但有价值公司即使股价下跌很久，也最终会上涨，至少在多数情况下是这样。

投资者在任何一张既有股票价格走势线又有收益线股票走势图上都会看到股票价格走势与收益走势基本相符的情形。林奇这样总结股票价格波动的规律："股票的价格线与（公司）收益线的变动趋势是相关的，如果股票价格线的波动偏离了（公司）收益线，它迟早还会恢复到与（公司）收益线的变动相关的趋势上。人们可能会关心日本人在做什么、韩国人在做什么，但最终决定股票涨跌情况的还是收益。人们可能会判断出市场上股票短时间波动情况，但从长期来看股票的波动情况还是要取决于公司的收益。"

五、运用 PEG 指标，找到一只被低估的股票

在股票市场中，有一个特征更为明显，即市盈率高时股价在底部；市盈率降下来，股价却飞上了天。这样便引出了一个新的指标：PEG。

彼得·林奇是 PEG 指标的推崇者和使用者。他的选股策略：

（1）过去连续 3 年的每股收益增长率大于等于 20%且小于 50%。

（2）评估股价的指标为"市盈率增长比率"（PEG）。

人们无法将身为价值投资者的彼得·林奇进行归类，这也是由于他与众不同的操作思路所致。

他的投资逻辑是去发现人们还没有发现的股票，他著名的 13 条选股原则为这个逻辑做出了最好的注脚，例如，公司名字不那么性感，公司业务让人厌恶，公司处于零增长行业当中。

不拘一格的彼得·林奇在选个股的时候，仍然不能脱离财务指标这根拐杖。通常，他运用产权比、存货与销售、自由现金流、收益增长率等指标来进行分析。当然，最知名的还是他自创的 PEG。

是什么因素决定了一只股票的价值？通常长期观察与实战，彼得·林奇归结是收益，收益，还是收益，最后收益增长率决定了股价增长率，无疑，其他条件一样的情况下，收益增长率为 20% 的股票必然比收益增长率为 10% 的股票值得购买。

彼得·林奇为我们算了一笔账，每股收益均为 1 美元的 A 股票与 B 股票，10 年之后 A 股票由于 20% 的收益增长率股价变成了每股 123.80 美元，而 B 股票 10 年之后由于 10% 的收益增长率股价变成每股 26 美元。"高收益增长率正是创造公司股票上升很多倍的大牛股的关键所在，也正是在股票市场上收益增长率为 20% 的公司股票能够给投资者创造惊人回报的原因所在。"

彼得·林奇认为快速增长型公司应在以往 2~5 年内增长 20%~50%，这可以为公司成功的扩张计划赢得时间。他说："15% ≤ 每股收益年增长率 ≤ 20%，这个比率正常；20% ≤ 每股收益年增长率 ≤ 25%，对于足够大而又可维持的企业，这是个很好的数值；25% ≤ 每股收益年增长率 ≤ 35%，这个比率可接受；35% ≤ 每股收益年增长率 ≤ 50%，这时需要仔细考虑一下，如此高的增长率在长期内无法维持；每股收益年增长率为 50%，需要认真考虑，如此高的增长率在长期内无法维持，并且增长率一旦下降公司极易垮掉。"收益增长率必须要连续 3 年保持在 20%~50%，不仅保证了高增长性，而且保证长期持续性，这样的股票值得购买。

PEG 是彼得·林奇的一大创造。他用市盈率除以每股收益增长率，获得的比值能很好地反映股价与价值之间的关系，这为他判断股价是否被低估提供了很好的依据，推导结论的出发点是他认为股票价格应该与股票价值相等。所以，他倾向于购买 PEG 为 1 的股票，这显示股价在与公司的业绩同步增长。当然若股票市盈率低于收益增长率，则可能是找到了一只被低估的股票。

是他给出的 PEG 指标的构想。他接下来说："一般来说，如果一家公司的股票市盈率只有收益增长率的一半，那么这只股票赚钱的可能性就相当大，如果股票市盈率是收益增长率的两倍，那么这只股票亏钱的可能性就非常大。"

PEG 的公式：

PEG = 市盈率（PE）÷净利润增长率（G）

彼得·林奇认为 PEG 估值法是对市盈率估值法的一种比较好的补充。

假如一家公司市盈率为 10 倍，其净利润增长率是 10%，那么这家公司的 PEG = 1，被认为是估值合理。假如一家公司市盈率为 20 倍，其净利润增长率是 40%，那么这家公司 PEG = 0.5，被认为价值低估。

假如一家公司市盈率为 10 倍，其净利润增长率是 5%，那么这家公司 PEG = 2，被认为价值高估。

所以通常来说，PEG 估值标准则是：

PEG > 1   价值高估

PEG = 1   价值合理

PEG < 1   价值低估

PEG < 0.5   价值低估并具有安全边际

PEG 估值法的核心思想就是：业绩增长速度越快的上市公司，支持高市盈率。大多数人认为高市盈率出现后，股价存在价值高估的风险，例如某只股的市盈率达到 100 倍时，只是从市盈率来看是相当高了，风险极大，然而如果这家公司业绩的增长率大于 200%，则这样的公司仍然没有风险，并且它还处在被低估的状态。这种引进业绩增长率因素与市盈率一起来评估上市公司价值状态方法，很适合对成长型的上市公司股票的价值评估，或者说这样的估值系统恰好是与我们股市里成长型上市公司股票估值是配套的。

在 PEG 的公式里，市盈率是比较好确定的，而净利润增长率（G）怎样确定？理论上，G 是预测将来 3~5 年上市公司的复合净利润增长率。将来净利润增长率可以预测吗？或者说，将来净利润增长率能被预测准确吗？假如预测不准确，运用 PEG 估值就是没有任何意义的。

至于预测问题，我们不妨再听一听彼得·林奇的意见，他说："一批又一批的证券分析师与统计学家都在向解决如何准确预测公司未来收益这个问题发起冲击，然而随便拿起一本最近的财经杂志都可以看到他们的预测往往是一错再错。"

"公司将来的收益很难预测，即使分析师们的预测差别也相当大，就连公司自己也不能确定它们将来的收益到底有多少。"

"对于公司将来的收益增长率，各位业余投资者猜测的准确程度与我们专业投资者是半斤八两。"

既然将来收益不能准确预测，那么这个 G 如何确定呢？与其预测不准，与其专家与散户在预测上是半斤八两，与其分析师的预测也差别相当大，那么我们就将预测抛弃吧。

所以，采用历史数据倒是一种实实在在的选择。其原理就像技术分析那样，收益增长率也存在趋势，趋势一旦形成必将延续。这也正是彼得·林奇的做法，他说："若你的经纪人不能为你提供一家公司增长率的数据，你自己可以从《价值线》或是标准普尔公司报告上找到这家公司每年收益的数据，接下来计算出每年收益相对于上一年的收益增长率，此后再把收益增长率与股票市盈率进行比较。"

根据彼得·林奇的方法，我们就可以将 PEG 指标做出来了。

G = 三年收益增长率的均值

PEG＝市盈率÷三年收益增长率均值

在实践中我们就会发现，以往三年收益增长率存在着不同情况，第一种情况是这三年收益增长率是递增的，第二种情况是递减的，第三种情况是马鞍形的。只是以三年收益增长率平均值来参与计算，还不能反映出收益增长的趋势。因此，也可以运用加权计算方法。

如此一来，G 的计算问题基本上就可以被我们确定下来了。

由于 PEG 估值法是跟成长型上市公司股票相对应的，我们不妨将这个指标称为成长型评估指标。

案例：舒泰神 300204

2011 年 3 月 25 日公布 2010 年报每股业绩为 1.15 美元

2012 年 3 月 20 日公布 2011 年报每股业绩为 1.71 美元

净利润同比增长（%）为 81.32

1 月 19 日股价最低 52.32 元，因未出 2011 年报按照 2010 年报业绩 1.15 元测算市盈率＝52.32÷1.15＝45.49 倍。

当时的 PEG 测算

依据 2010 年的年报净利润增长为 85.45%

公式

PEG＝市盈率（PE)÷净利润增长率（G）

PEG＝45.49÷85.45.45＝0.53

由此可见当时股价被低估了对吧。回到合理股价是多少？当然是 PEG 回到 1 才算合理。

也就是说，市盈率要等于增长率股价才算合理。那么倒算一下：

市盈率＝股价÷业绩

市盈率＝增长率 PEG 才会等于 1，所以市盈率回到增长率才能回到合理估值。

股价＝市盈率×业绩＝1.15×85.45＝98.26

4 月 26 日舒泰神最高价为 102 美元。

六、耐心寻找最佳买入时机

林奇说：那些让我赚到大钱的大牛股往往出乎我的意料，公司被收购而大涨的股票更是出乎我的意料，但要获得很高的投资回报需要耐心持有股票好几年而不是只持有几个月。

林奇认为，选择买股最佳时机的前提是发现被低估的股票："事实上，买入股票的最佳时机总是当你自己确信发现了价位合适的股票的时候，正如在商场中发现了一件价位适宜的商品一样。"

彼得·林奇从多年投资经验中发现，最佳交易时机可能出现在以下两种特定时期。

第一种时机出现在年底。股价下挫最严重的时期总是出现在一年中的 10~12 月，这并非偶然，因为经纪人在年底也想多挣些钱去度假，所以他们会很积极地打电话问客户是否卖出亏损股票以获得税收抵减。个人投资者往往为了年底消费，愿意低价卖出股票。机构投资者同样喜欢在年底清除一些亏损的股票以便调整未来的证券组合。所有这些抛售行为将导致股价下跌，对于价位较低的股票影响更加严重。

第二种时机出现在每隔几年市场便会出现的崩盘、回落、狂跌时期。在这些令人惊惶的时期，如果投资人有足够的勇气在内心喊着"卖出"时仍镇静地买入，就会抓住那些曾认为不会再出现的良机。对于那些经营良好而且盈利可观的公司股票，在市场崩溃时期反而是良好的投资时机。

七、从熊市中挖掘大牛股

彼得·林奇的成功关键就是，找到了能够上涨的 10 倍股。他在自传中谈及一个能涨 10 倍的股票的意义："在规模较小的投资组合中，即便只有一只股票表现突出，也能够把一个赔钱的资产组合转变为一个赚钱的资产组合。"

他认为，"作为业余选股者，根本不必寻找 50~100 个能赚钱的好股票，只要 10 年里能找出两三只赚钱的大牛股，所付出的努力就很值得"。

Tenbagger（长线牛股）指的是持续地高复合增长率造就的。彼得·林奇指出了 Tenbagger 的关键所在，假如估值不变，当盈利年增长率超过25% 时，10 年期间公司的盈利与股票价格将上升大概 10 倍。

彼得·林奇还指出，"Tenbagger" 股票共同的特点则是所处行业具有日益扩大的市场空间，只要公司具有竞争优势，就可以分享市场带来的收益。

例如 Stop & Shop 公司的股票则是这种长线牛股。彼得·林奇原来认为 Stop & Shop 公司的股票至多能让自己获得 30%~40% 的利润，结果却从中获取了 10 倍以上的惊人利润。原先 Stop & Shop 仅仅是一家比较普通的上市公司，当时股价正在持续地下挫，1979 年林奇只是看中了这家公司具有较高的股息收益率才买入其股票，而该公司的发展前景变得越来越好，公司的超市与 Bradlee 折扣店业务都是如此。最初他以每股 4 美元买入这只股票，1988 年当该公司被收购私有化时股价上涨至每股 44美元。

彼得·林奇认为，一般来说，股价与整体价值差值越大，不仅是股价的潜在涨幅越大，而且股价的涨速往往也越快，最终形成的主升浪的级别越高。这是为什么呢？这是市场有效性的一个体现。市场的有效性越高，错误定价的可能性越小，错误定价的时间越短。

当股价跌破内在价值的时候，这就是市场出现的一个错误定价，它并不常见，往往发生在股市出现暴跌或者崩盘的时候，这是大众心理发生严重失衡的表现。从历史经验看，这种错误定价的持续时间一般不太长，短的不过几个月，长的一般不超过2~3年。当然，还有一种错误定价的情况，并非由于大众心理失衡导致，而是由于投资者对于形势判断不清所致。当投资者对于某些问题股票实施惩罚的时候，往往会打击过重，直至将这些股票股价直接打进其内在价值之内，但这些股票因严重偏离了其应有价值，股价很快就会出现报复性上涨。这种情况在国内外股市经常出现，反倒成了某些逆市抄底者的一种获取短期暴利的手段。

所以，当发现市场出现了严重的错误定价的时候，在判断正确的情况下，往往是绝佳的抄底机会。

同时，彼得·林奇还强调两点：一是投资需要耐心，不要想持有一个公司几天赚十倍，十倍的股票也有下跌的时候，然而只要你耐心地持有，它就是给你下蛋的金鸡。二是好股票不等于好公司和大公司，蓝筹股并不能一向都表现很好。有特色的公司更加有利可图。在这个市场上有特色的公司比较多，不要等待基金经理们将它们抬高了你再去购买。

林奇认为，他之所以能"十年赚十倍"，是由于他发现了理想的公司，这涉及将一个投资法则落实到具体选股的环节上。当然，每个投资者应该都有自己心中的理想公司的样子，这些公司业绩增长稳定、公司治理完善并且能够给投资带来高额的回报等。

因为市场有很多股票在较长时间内（例如10年以上）均会有上涨10倍的表现，所以市场上流行的所谓十倍股应该是指那些可以在短时间内就能有爆发增长的股票。此类股票往往是规模尚小、属于高速增长行业、竞争力极其突出的公司股票，例如处在新兴的家电零售连锁业态的先行者苏宁电器（002024）在2004年上市后3年时间里股价就上升了30多倍。十倍股无法依靠短期的投机炒作造就，应该要有坚实的基本面作为依托，才能连续不断地吸引投资者推高股价。找出十倍股是每个投资者，特别是挑选成长股人士的目标，然而，即使一只股票可以在短时间内上涨 10 倍以上，然而并不是所有之前买入的投资者都可以持有到最后，这需要投资者的眼光与耐心。在《彼得·林奇成功投资》一书中对十倍股做出了详细的描述：

十倍股，就是上升到你最初买入价格十倍的大牛股，将一万变成十万，一百万变为一千万，一千万变为一个亿。个人投资人往往会买了几十只股票，假如找到了一只十倍股，会让你的整个组合收益率大幅提升。如果你一共买了十只股票，其他九只全部不能赚到一分钱，那极其不幸运了，然而有一只成了十倍股，就会让你的整个组合市值同样翻番。在大牛市找出一只十倍股会让你业绩大幅领先，在熊市找出一只十倍股会让你业绩遥遥领先。

那么，10 倍股有哪些基因？

基因一：资源垄断

彼得·林奇在讲述 10 倍股逻辑的时候曾经指出："相比较而言，我更愿意拥有一家地方性石头加工场的股票，而不愿拥有 20 世纪福克斯公司的股票。因为电影公司的竞争对手非常多，而石头加工场却有一个'领地'：在它占据的领地内没有什么竞争对手。"而这些拥有自己"领地"的公司，就是我们经常说的垄断企业。"没有什么可以描述排他性独家经营权的价值，一旦你获得了排他性独家经营权，你就可以提高价格。"彼得·林奇阐述道。

观察过去 3 年 A 股中的 10 倍股也可以发现，垄断企业和龙头企业成为 10 倍股并不罕见。

包钢稀土是 10 倍股中典型的资源垄断型企业，垄断了中国乃至世界上最大的稀土产业基地，在 2008 年 11 月 7 日股价见底之后，随着稀土价格的快速上涨，稀土行业进入黄金时代，该股也首先成为稀土行情中的第一大牛股，3 年来其最大涨幅一度超过 20 倍，截至 2011 年 9 月 29 日，其 3 年来的累计涨幅也达到了 9.89 倍。

基因二：小盘股起家

提起小盘股成长为大牛股的故事，A 股中最为典型的莫过于苏宁电器（002024.SZ），股本从 9300 多万股增至 70 亿股，扩张 70 多倍，最终成长为蓝筹公司。

而过去 3 年最大涨幅曾经超过 10 倍的 58 只股票中，总股本低于 5 亿股的中小盘股达到 47 只，占比超过 80%，成为 10 倍股的绝对主力，其中总股本小于 3 亿股的公司也有 21 家之多。"小盘股中更容易出现'隐形冠军'。"一位私募基金经理指出，在"隐形冠军"理论中，全球最优秀的企业更多的是一些闷声发大财的行业冠军企业，这些企业在同类市场份额中排名第一或第二，但往往只是知名度不高的中小企业，中小企业大多处于生命周期的成长阶段，具备较大的扩张潜力。

同时，该私募基金经理还指出，从产业发展的角度看，中小盘上市公司多分布在国家鼓励支持的行业，可以享受国家产业扶持政策，例如新兴产业等公司多为中小盘股。

基因三：产业大势

在股市投资中，随波逐流并非贬义词，用另一个词汇解读，就是"顺势而为"，一旦看准了市场趋势，投资或可事半功倍。过去 3 年的 10 倍股中也可以发现这一点，10 倍牛股的造就，除了公司基本面因素之外，国家政策、市场潮流等外因也必不可少。中恒集团之所以在过去 3 年成为大牛股，与医药生物行业成为"十二五"和新兴产业规划重点"关照"对象的背景密不可分。东方锆业在过去 3 年最高暴涨 13 倍的牛股历史，源于核能源在新能源产业政策中的优势地位，而其后来股价的回归，也正是源于市场对核能源的二次评估。

除此之外，稀土、锂电池、保障房……过去 3 年每一次经济的热点、政策的出台也都可能带动一家优秀公司加速步入牛股的行列。

基因四：资产重组

如果说 A 股的 10 倍股最具中国特色的地方，那无疑就是其中的重组股了。连"公募一哥"王亚伟都说，对重组股的机遇不能视而不见。在21 只累计涨幅超过 8 倍的个股中，重组过的公司就有 4 家，与重组相关的公司有 2 家，还有 1 家目前正由于资产重组处于停牌当中，也就是说，有将近 7 只 10 倍股与重组有关，比例达到了 33%。而在 58 只 3 年区间最高涨幅曾经超过 10 倍的个股中，就有 16 家公司与重组或者资产注入有关，占比也超过 27%。

可见，回避重组股，也就等于错过了市场中将近 1/3 的 10 倍股。

八、通过反经济周期的操作方式进行抄底

彼得·林奇认为，由于经济周期的变化，股市的大部分股票都会随着上涨或下跌，其中很多股票还会被退市，怎样通过价值分析来低风险获利？通过反经济周期的操作方式，在利空的环境下寻宝。如果一家公司在经济环境不好的情况下还能够增长，那么在经济复苏的周期中，必然会成为大牛股。

他如此说道："当我的初衷并不是说由于经济处于复苏的早期阶段就去买入周期性股票，推荐这些股票只不过是由于它们正好是我研究的公司中，最合算的正好都是在周期性行业而已，而这正是盈利增长的方向。一家周期性公司的市盈率非常低时，那通常是一个繁荣期到头的信号。"

周期型公司的特点：

（1）周期性公司指的是那些销售收入和盈利以一种并不是完全能准确预测却很有规律的方式不断上涨和下跌的公司。在增长型行业当中，公司业务一直在连续扩张，而在周期型公司中，公司发展过程就是扩张、

收缩、再扩张、再收缩，这样不断循环往复。汽车、航空公司、轮胎公司、钢铁公司以及化学公司均是周期型公司。由于它们的盈利随着各届政府政策的变化而相应地上涨与下跌。

（2）周期型公司的股票走势图看起来犹如对说谎者进行测试时测谎器所绘出的曲线或是阿尔卑斯山脉起伏的地图，与缓慢增长型公司类似于特拉华州平坦地势的股票走势图形成了鲜明对比。

（3）当经济走出衰退进入繁荣阶段的时候，周期型公司股价的上升要比稳定增长型公司快得多；反之，经济开始衰退的时候，周期型公司股东的钱包也会严重缩水。假如投资者在错误的周期阶段买入了周期型公司的股票，会迅速亏损一半还要多，而且还要等上好几年时间才会再次看到业务重新繁荣。

（4）周期型公司股票是一切股票类型中极易被误解的股票，由于主要的周期型公司都是些大型的著名公司，投资者会很自然地把它们与那些值得信赖的稳定增长型公司混为一谈。

彼得·林奇认为，时机选择就是操作周期型公司股票的关键，投资者应该能够发现公司业务衰退或者繁荣的早期迹象。假如投资者在与钢铁、汽车、航空等有关的行业中工作，那么投资者已经具备了投资周期型公司股票的特殊优势，此优势特别是在周期型公司股票的投资中更为重要。

克莱斯勒与房利美代表的玄妙周期。彼得·林奇对克莱斯勒虎口拔牙的冒险之举实际上是一个大胜率。借助明星产品和英雄企业家艾柯卡，克莱斯勒从破产边缘完美回归。此时，里根上台、401K以及道琼斯逼近前期高点，彼得·林奇对于经济复苏的信心增强。他坚定认为，麦哲伦基金公司将从极端高利率的回归中受益。高利率压制购车与购房需求，利率下跌之后汽车和房地产行业受益最大。

既然认定汽车行业即将复苏，剩下的则是选标的的问题了。克莱斯勒账面现金超过10亿美元，短期不会破产，在BIG3（通用、福特、克莱斯勒）中基本面很差，业绩弹性很大。1982年，彼得·林奇通过调研了克莱斯勒在研的车型，并与艾柯卡等高管深入沟通，他很快买入到持仓上限。

汽车业复苏获得确认之后，彼得·林奇乘胜追击。他又购买福特、沃尔沃、斯巴鲁、通用、标致等，在汽车行业的仓位超越 10%。1982~1988年，汽车一直是麦哲伦基金最重要的行业板块，净值贡献最大。将汽车股的复苏周期从头吃到尾，是麦哲伦基金公司最成功也是最重要的投资。

彼得·林奇精准掌握了房利美的转型故事。房利美过去的业务是短借长贷，以短期借款买入长期住房抵押贷款。财务模型类似于中国分级债基的进取端，对于这家玩利率游戏的强周期性公司，彼得·林奇认定它将在利率降低和房地产行业复苏中双重受益。从 1982 年开始，房利美开始打包住房抵押证券，收取 1% 差价。房利美将风险转嫁，开始变成住房抵押贷款的"平价"批发商，并且累积起上万亿美元的规模。彼得·林奇将房利美买到持仓上限，大赚超过 5 亿美元。

第五章　维克多·斯波朗迪抄底的秘诀

人物简介

维克多·斯波朗迪（Victor Sperandeo）是华尔街著名的专业证券操盘手、基金管理人，在华尔街征战四十多年的他，足迹遍布股票、债券、期指、期权、商品及货币等各个领域。在维克多的职业生涯中，他曾为不少知名投资人操盘，其中包括乔治·索罗斯、利昂·库珀曼等。目前维克多担任阿尔法金融技术公司董事长兼首席执行官，在参与市场交易的同时，也参与指数开发工作。

维克多职业生涯的起步是担任一名期权交易员，这也从某种程度上奠定了他对期货价格趋势的研究基础。1971年，维克多创建了Ragnar期权公司，这家公司在很短时间内就成为全球最大的场外交易证券期权交易商，先后收购了芝加哥期权交易所的多个会员，随后在1977年并入机构经纪商Weeden公司。

2000年，维克多创建阿尔法金融技术公司，这是一家金融工程企业，专注于研究和开发投资指标，包括多样化趋势指标（DTI）、商品趋势指标（CTI）、财务趋势指标（FTI）、外汇趋势指数（FXTI）等。到目前为止，已经有约30亿美元的资产投资于挂钩这些指数的产品。

在华尔街，维克多被视为商品交易领域的专家，特别是能源和金属板块。他曾创造1978~1989年连续12年投资盈利，没有任何一年亏损的骄人战绩。因而他被《巴伦财经》杂志誉为"华尔街的终结者"。

投资理念：在一个中级趋势运行中，如果出现瞬时的四天（或以上）排列，随后出现的第一天逆趋势行情，经常代表趋势变动的顶部或底部。

成功关键：在流动性高的市场进行交易。

操作风格：专注于市场中期趋势。

一、维克多抄底战役

1987 年 9 月，维克多在接受巴伦周刊采访时做出了市场将要崩盘的预测，接着 1987 年 10 月 19 日美国股市发生了大崩盘，道琼斯指数在一天内下挫 22%，自此经济危机爆发。于是维克多获得了许多的声誉，也被巴伦周刊称为"炒家 Vic——华尔街终结者"。

1987 年 9 月，巴伦的投资咨询报告宣布一条消息，说股市已经达到一个大顶部——这只是在股市大崩盘之前一个月。在股市达到 1987 年 8 月高点的时候，股市在 96 天之内上升了将近 23%。这些数字几乎刚好接近历史上的涨幅和牛市的中级波动。这一考虑只是引起警戒的提示。假如其他因素都好，那么就无关紧要。在 1987 年 8 月，道琼斯工业指数创造了新高，然而 ADR 指标（涨跌股数之比）并没有创新高，产生了背离现象。市盈率已经达到 25 年以来的最高点。政府债券公司与个人消费债务均达到创纪录的程度。总的来说，所看到的所有指标均显示股市即将崩溃的犹如大声疾呼的警戒信号。

最主要的入市讯号出现在 1987 年 10 月 5 日，维克多·斯波朗迪在《华尔街日报》上看到联邦储备委员会主席格林斯潘的评述，他在回答他人的质询时说，假如金融市场上对通货膨胀的恐惧日益泛滥的话，利率可能上涨到"危险的高度"。尽管格林斯潘指出他并不感到他的担心是无可避免的，他也暗示贴现率可能会提高来减轻这一忧虑。在 10 月 15 日，道氏理论的股价形态则出现一个卖出讯号，维克多·斯波朗迪便开始建立沽空头寸。对股市的最后一击是来自国务卿贝克与西德的纷争，他敦促西德刺激其经济。当西德拒绝合作之后，贝克在周末宣布美国准备让美元下跌。在维克多来看，这引起了 10 月 19 日的股市大崩盘。任何外国投资者对不可预见的贬值货币总是不感兴趣。让美元"下跌"为什么？下跌 5%，还是 10% 或者 20%？下跌多久？所有投资者都想把以美元标价的证券抛出去，一直到弄明白这一"下跌"的含义。正是在此点上，绝对相信由于美元的不可预见性的贬值，将会让股市走向崩溃。星期一早晨，维克多马上增加沽空的头寸，尽管道琼斯指数一开盘已下挫 200 多点。

维克多还抓住了 1989 年 10 月比较小的股市崩盘。那一次的分析过程与 1987 年 10 月十分相似，股市已经上扬了 20%，一个调整最后将会发生。也就是说，股市持续上涨的机会极小。从统计上来说，这股市已经像 80 岁的老翁一样了。

二、维克多投机的原理

维克多认为，任何市场中均存在三种价格的趋势：短期趋势、中期趋势以及长期趋势。市场参与者都存在三种基本类型：交易者、投机者以及投资者。那些交易活动集中的短期趋势的市场参与者被维克多叫作"交易者"，"投资者"就是指那些主要考虑长期趋势的人，而专注于中期趋势的参与者则叫作"投机者"。维克多则是专注于市场中期趋势的"投机者"。从维克多对投机者的界定很容易看出，他所理解的"投机"则是参与市场中期趋势的交易活动。

他对市场预测的方法则是技术分析、统计方法以及经济基本面三种因素相结合来进行的，看起来非常简单，大多数人也都常用这三种方式，然而极少有人能准确地预测。"不在于你了解多少，而在于你了解的内容的真实性和相关性""关键在于一项陈述以及一点知识，是怎样形成一系列的推理与结论"，这则是"重点思考原则"。人们看的都是同样的技术图形、相同的统计数字，面临的是相同的经济基本面，为什么维克多能看清方向，然而许多人看不出来？推理过程不一样，结论必然就不一样，差异在于推理过程。

对投机者维克多来说，其目标是：在经济独立的情况之下保有自由，通过长年累月地稳定赚钱。维克多将自己的交易生涯当作一种事业经营，发展出一套自己的投机哲学。维克多"一致性的投机哲学"基于三项原则，按照重要性排列如下：保障资本、一致性的盈利能力以及追求卓越的报酬。"保障资本"是其最主要的原则，正像大多数专业投机者、投资者所认为的，在股市操作过程中，他们首先必须考虑的是市场的风险而不是主观期待的利润。在保障资本的前提之下，维克多认为还应该培养"一致性的盈利能力"，即在低风险的条件之下持续盈利的能力。在风险的评估上，维克多最多仅仅接受1:3的风险报酬比率，唯有在这样的风险报酬条件之下，才能够长期维持一致性的盈利能力。

维克多并指出，"追求卓越的报酬"原则就是指在报酬和风险之间存在合理关系时，才会用更大的风险追求更高的资本报酬率，然而这并不意味着维克多改变其风险报酬准备，而只是增加头寸规模，维克多也称为"积极地承担风险"。具体的做法是：在盈利的前提之下，依然占有胜算，从盈利中投入更多的风险金，增加头寸规模，用以前的盈利或小的亏损作为代价去追求更高的资本回报率。

维克多的"一致性投机哲学"包含了关于风险控制与资金管理的原则，大多数成功市场人士都有相同的市场生存原则。正像维克多所说的，假如你能真正理解其中的精髓，它们将指导你从市场中盈利。然而，要实际应用这些观念，你依然需要更多的知识。

三、运用道氏理论抄底

与巴菲特不一样，巴菲特是从公司的财务报表为出发点，找出价值低估的股票，购买并长期持有；维克多则是从赌博胜率的角度为出发点，利用多种技术工具，从事专业的投机。不管他们的具体操作技巧有多大差异，巴菲特与维克多均获得了巨大的成功。假如说巴菲特的成功代表了"投资者"的荣耀，那么维克多的成功就为"投机者"大大争了一口气。从这两个成功交易者的身上，好像能够得到一个结论：在金融市场上，要想取得成功，关键不在于你运用什么方法，而在于你是否精通你所运用的方法。

"在拟定交易决策的时候，你必须非常相信自己正确。在被市场证明你是错误的之前，你是绝对正确的。"维克多说："一旦市场证明你错了，你就要快速认赔。"他从而提出一个"鳄鱼原则"："万一被鳄鱼咬住了脚，你唯一的机会，就是牺牲那一只脚。假如你不甘心，挣扎的时间越长，鳄鱼咬的面积就越大，一直到将你整个吞下"。这种形容非常恐怖，然而却相当形象。

在很多人的眼中，道氏理论是空洞的，不具备任何实战意义。而作为基金管理人的维克多却是道氏理论的追随者，对道氏理论专门做出了深入的研究。维克多依据道氏理论关于"趋势"的原理，统计出美国股票市场历史上的短期、中期、长期趋势的幅度与时间，接着把它简化成交易格式，用以指导其投机活动。维克多有一种评估市场风险的方法，就是运用道氏理论，通过对市场历史数据的统计，总结出市场平均寿命的历史分布，并且依据这种历史分布，对比现行市场的状况，评估出现行市场的风险—报酬比例。维克多指出，道氏理论是在混沌的市场中寻找秩序的简单、可行的方法。在维克多所著的《专业投机原理》一书中，维克多所运用的技术分析工具都是很简单、实用的，没有任何新奇与复杂的东西，而这些分析工具完全是建立在道氏理论之上或者从道氏理论演化而来的。维克多认为，一个交易者若希望真正了解市场的行为，他必须要拥有一套不可或缺的知识：道氏理论。或许正应了那句话，大道至简！对我们来说，真的需要重新认识道氏理论。

四、维克多抄底摸高的交易系统

辨识趋势、追踪趋势，这是每一个技术分析者的追求，维克多·斯波朗迪根据道氏理论，把趋势识别这项复杂艰巨的任务，简化为 123 法则。

123 法则：

（1）先是趋势线被突破。

（2）上涨趋势不再创新高，或下跌趋势不再创新低（即仅仅发生试探前期高低点行为）。

（3）下跌趋势中，价格往上突破前期反弹高点，或上涨趋势中，价格往下穿越先前的短期回档低点。

虽然 123 法则简单有效，然而它的进场点比较晚，往往已经错失一段很大的行情，于是维克多进一步提出了 2B 法则，它的实质是针对假突破现象加以观察。它的基本理念是：假如在下跌趋势中，价格已经创新低而不能持续下挫，并且重新升逾前期低点，那么趋势可能反转。

系统买入机械规则：

（1）收盘价高于 10 日前的百日最低收盘价（验证回涨）。

（2）百日最低收盘价小于 10 日前的百日最低收盘价（验证已经创

新低）。

close > ref（llv（close，100），10）&&llv（close，100）

遵循买卖法则：

（1）选择流动性比较高的市场。

（2）回避对消息面敏感的市场。

（3）只有将止损设置在阻力或者支撑位置才操作。

下面详细地阐述维克多这套交易系统的技术含义。

在期货操作中，保护性止损价位的设置是相当关键的，而使用上述两个法则在期货具体操作过程中，止损价位可以这样进行设置：使用123法则，当上涨中出现法则第 3 条，建立空头头寸，止损价位设在前低点稍上方；在下跌中出现法则第 3 条，建立多头头寸，止损价位设在前高点稍下方。

使用 2B 法则，在上涨趋势之中，价格已经穿越之前的高价，稍后又跌破之前的高点，马上建立空头头寸，止损价位设在之前的高点稍上方；在下跌趋势中，价格已穿越之前的低价，稍后又涨回之前的低点上方，马上建立多头头寸，止损价位设在之前的低点稍下方。

假如之后又发生符合 123 法则的情况，结合 123 的操作方法追加头寸，原来头寸的止盈价和追加头寸的止损价共同放在前低点稍上方（或者前高点稍下方）。

123 法则、2B 法则在期货上的应用，它的好处不但在于较好地把握了价格转向的先机，而且由于止损价位与开仓价位十分接近，让风险能够被控制更小的范围内，从而获取比较高的风险收益比。

这两个方法怎样运用？

上涨趋势中，假如价格已经穿越之前的高价而未能继续挺升，稍后又跌破之前的高点，那么趋势极可能会发生反转。下跌趋势也是如此。

这段话则是 2B 的内容了。维克多还讲述了为何会产生这种情况。当然，维克多非常清楚，由于你要懂得 2B 就应当先懂得 123 法则，要懂得

123 法则就应当先懂得道氏理论。这里的次序是不能乱的，一旦乱了便是闹笑话。2B 法则实质是 123 法则的一种特殊形态，用以辨识趋势发生转变。

只要你懂得此道理，2B 法则才能有了实际用处。那则是趋势可能发生转变，并且你会更融会贯通，但是，不应当弄杂了。2B 法则是产生于 123 法则的 2 上面的，即是处理对新高突破与否的一种方法。新高突破了，然而不能延续，那就可能是 2B。新高不能突破，那必然就是 2 的产生了。新高强势突破，那才是确实突破，是新的趋势诞生了。

那么，在实际操作中，我们究竟如何处理？非常简单，观察突破以后的情况。我们最好添加日本蜡烛图或是棒形图的反转信号来配合，这样胜算就高。假如强阳突破，必然跟进不犹豫。若是长影线或者阴线，都应该考虑在趋势不能延续的情况下进行。

2B 法则就是一套完整的交易系统，只是当作买卖信号是充足的，2B 法则本身是一个胜算非常高的信号，信号出来以后，做顺势交易，把止损点设立在前期高低点周围，按照不同的品种策略设置止损差值。

除这以外，2B 法则还可以单独地运用，信号出来了，你可以考虑运用还是不运用，可以考虑其他能配合提高胜算的信号来弥补。千万不能混合别的类型指标判断，例如运用 MACD 看到趋势上涨却又运用一个 2B 法则出来，应该要统一自己的操作周期和依据，除非自己懂得 2B 法则，否则的话就不要乱运用。

为什么出现 2B 法则这种现象和多空博弈？

因为大多数交易者比较喜欢将自己的止损点设置在前期高低点周围，因此导致了 2B 法则现象。当这些止损触发的时候，有时这些止损单并没有推动行情进一步延续，说明这个方向的行情阻力巨大，转而变向，这是一种情况出现 2B 法则；或是行情并没有突破前期高点，转而往下，这种情况大多数的时候是因止损单不远的地方，持有止损单因自己的止损相对较近，或是不希望止损触发，大量开仓，造成了一方势力压倒另一方势力，出现了 2B 法则情况。更多短期的时候，2B 法则是因场内交易员为了触发止损或者大量接单行为产生的现象。

五、维克多的抄底交易原则

在投入金融市场之前，维克多不仅是一个玩牌高手，而且还是一个赌博高手，因此他相当重视"胜率"概念。他所理解的"投机艺术"就是："能精确地解释当时的状况，把握胜算，懂得如何下注，保证自己即便在输的情况下，依然能参与下一盘赌局，遵守心理纪律，执行客观的知识而不是由情绪主导的决策。"在此段话中，他强调了胜算、游戏规则、不被淘汰以及纪律等几个因素。胜算被他放在首位。严格地遵守纪律是证券高手们的共通之处，更有人把它称为"铁血纪律"。维克多说："在交易中不能控制自己情绪的人，必将会付出巨大的代价。"

以下是维克多·斯波朗迪总结的抄底交易原则及其背后的简单理由。

大多数人误认为市场行为是完全可以预测的，绝对不是这样的。在证券市场中交易，这是一场关乎胜算的游戏，主要目的就是要永远掌握胜算。如同任何有关的游戏，为了获得胜利，你应该了解并且遵守规则。但是，交易原则有一项最大的不同，其主要功能是克制你的情绪。如果你已经具备建立头寸的必要知识，其中最难的部分是以正确的方法执行交易。这就是交易原则的功能。

交易原则的宗旨，是在人性的允许范围之内，尽可能以客观而一致的态度交易。假如没有交易原则，你的愿望很可能主导交易决策，在证券交易当中，你的愿望十有八九很难实现。

下面是维克多·斯波朗迪一些重要的抄底交易原则。

原则 1：按照计划进行交易，并且严格地遵守计划。

原则 2：做顺势交易。"趋势就是你的朋友。"这可能是我们耳熟能详的交易法则。这看起来简单，然而极易违背。

原则3：在允许的范围之内，尽量采用止损单。建立头寸前，你必须预先决定市场证明你判断错误的价位。对于大多数交易者而言，行情触及预定价位的时候，认赔退出是最难的动作之一。

原则4：一旦心存疑问，马上出场！以另一个方式而言，评估自己的头寸时，你持有的每一个多头头寸，现在都应该是个买入机会；你持有的每一个空头头寸，现在都应该是个卖出机会。也就是说，假如你不具备信心，绝对不应当建立头寸。

原则5：一定要有耐心。不能过度扩张交易。

原则6：快速认赔，让盈利头寸持续发展。在一切的交易原则中，这是非常重要的，通常被引述，也往往是被违反的一条原则。

一般来说，原则6是前5条原则的总结，假如你有交易计划，你了解什么时候应该盈利了结，什么时候应该加码，什么时候应该出场。假如你顺势交易，你允许的亏损，将由趋势变动准则来客观决定。假如你对交易有信心，你不太可能过早盈利了结。假如你过度交易，你不但可以减少损失，而且更可能掌握真正的机会。

原则7：不能让盈利头寸演变为亏损。

原则8：在弱势中买入，在强势中抛出。应该以买入的意愿同等对待抛出。

此原则主要适用于投机和投机行为，然而也可以适用于短期交易。假如你以中期趋势投机，提升盈利潜能的方法，是在小涨势中抛出，在小跌势中买入。假如你是以长期趋势投资，必须在空头市场的中期涨势中抛出，在多头的中期跌势中买入。大多数市场参与者均有明显的多头或空头倾向，而且只是愿意做多或做空。实际上大多数市场参与者把做空视为瘟疫，避之而无不及。这是非常大的错误，完全违背市场的本质。若"趋势是你的朋友"，那么双向运作是维持友谊最好的方式。任何精练的多头玩家，也一定具备做空的知识——他只需要做反向的推理。

原则9：在多头市场的初期阶段，应当扮演投资者的角色。在多头市场的后期和空头市场中应当扮演投机者的角色。

原则10：不可摊平损失——损失头寸不可加。摊平损失只是一种企图避免承认错误或期待解套的借口，并且是在不利的胜算情况下。它之所以被叫作摊平损失，由于这是一种追加头寸的行为，并因此降低整体头寸的净损失百分率。摊平损失是一种非常常见的错误行为。但是，这些行为看起来似乎是摊平损失，事实上却不是。例如，你在空头市场中找到中期的做空机会，它与摊平损失之间的差异，在于你有一套交易计划，并设定市场证明你错误的止损点。摊平损失的策略并不设定停损，头寸的了结完全取决于主观的情绪。

原则11：不可仅由于价格偏低而买入，不可仅由于价格偏高而抛出。这完全不同于在市场购买水果，交易中无所谓的特价品。交易的重点仅在于盈利或损失，这跟交易工具的价格无任何关系，除非你见到趋势发生变化的征兆，否则趋势继续发展的机会比较高。当市场处于历史高价或者低价，然而没有任何征兆显示趋势将要反转，因此你不要去挑战它，继续等待趋势变化的信号，顺势交易，耐心地等待。

原则12：只能在流动性高的市场交易。

原则13：价格变动很快的时候，不能设立头寸。

原则14：不能按照特殊情报进行交易。

原则15：永远去分析自己的错误。为什么要分析自己的错误？由于错误是失败的最好导师，它们让你更加懂得你必须永远遵循交易原则，若你能真心反省发生错误的理由，重蹈覆辙的可能性就极低。

原则16：一定要提防错误的并购消息。

原则17：假如一笔交易的成功与否，应该取决于交易指令的正确执行，否则的话不该进行该笔交易。

原则18：应该保有自己的交易记录。

原则19：懂得并且遵守法则！

六、维克多判断趋势变动的法则

在维克多的操作理念中，"四天法则"是他最喜欢的模式。在检验了1926 年到 1985 年道琼斯工业平均指数的趋势变化之后，维克多从而总结出，在一个中级趋势运行当中，假如出现瞬时的四天（或以上）排列，然后出现的第一天逆趋势行情，往往代表趋势变动的顶部或者底部。

从底部的启动不是 123 法则就是 2B 法则，两个法则就足够了。在上涨中断的形态中，还会有 ABC 法则；判断顶部还有加之 3 天法则、3 天辅助法则、4 天法则以及跳空法则。

如果熟练掌握这 7 个法则，那么股市趋势的变动尽在你的掌握中！

上面已经介绍了 123 法则和 2B 法则则是判断趋势变动的最基本法则，为此有必要再次强调。

维克多是这样总结的：

1. 简单的 123 法则

（1）趋势线被突破。价格穿越绘制的趋势线。

（2）上涨趋势不再创新高，或下跌趋势不再创新低。

（3）在下跌趋势中，价格往上穿越先前的短期反弹高点；或在上涨趋势中，价格往下穿越先前的短期回档低点。

怎样作图：

第一，绘制趋势线。第二，在下跌趋势中，绘制一条水平的直线穿越当前的最低价，再绘制另一条水平的直线穿越前一波反弹的高点。或是在上涨趋势中，绘制一条水平的直线穿越当前的最高价，再绘制另一条水平的直线穿越前一波回档的低点，如图 5-1 和图 5-2 所示。

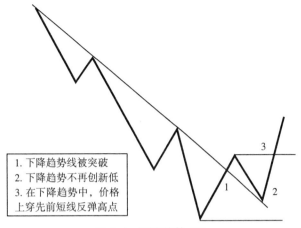

1. 下降趋势线被突破
2. 下降趋势不再创新低
3. 在下降趋势中，价格上穿先前短线反弹高点

图 5-1 下降趋势 123

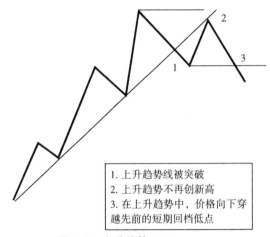

1. 上升趋势线被突破
2. 上升趋势不再创新高
3. 在上升趋势中，价格向下穿越先前的短期回档低点

图 5-2 上升趋势 123

越大的上涨角度突破压力位置说明趋势反转的可能性越大。

2. 确认趋势变动的第二法则：2B 法则

在上涨趋势中，假如价格已经创新高而未能持续挺升，稍后又跌破之前的高点，则趋势可能会发生反转。下跌趋势也是如此，如图 5-3 所示。

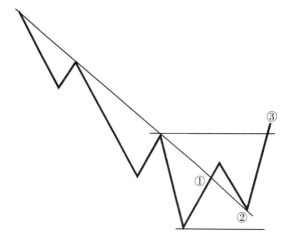

图 5-3　上涨趋势突破前期的反弹顶

此法则适合任何一种趋势：短期趋势、中期趋势以及长期趋势。

确认趋势变动的准则：趋势线被突破；上涨趋势不再创新高，或下跌趋势不再创新低；在下跌趋势中，价格往上穿越之前的短期反弹高点，或在上涨趋势中价格往下穿越之前的短期回档低点。

维克多的原话是：必须留意第 2 项法则，某些情况之下，价格测试之前高点（低点）时，可能实际穿越之前高点（低点），然而稍后却又折返。这就是一种特殊形态的测试（叫作 2B），也是一种非常重要的测试，它表明趋势即将发生变动。在评估的时候，这是我非常重视的一项准则。

3. ABC 法则

次级修正走势的 ABC 三波浪。在多头市场次级修正走势的 BC 浪当中，价格往上突破 BC 浪的下跌趋势线时，是设立投机性头寸的理想机会。然而有一个先决条件：在 BC 浪的跌势之中，成交量必须缩小。止损点应当设置在 A 点与 B 点的较低价位。价格突破 BC 浪的下跌趋势线时，假如成交量并没有明显的变化，构成底部的可能性并不大。相反，假如突破时出现大量，突破走势很可能不是代表空头的修正，而应当是主要多头市场的第二只脚，不过这还需要基本面的配合。

4. 跳空法则

跳空法则指的是趋势线或者阻力位置以及支撑位置的窗口力度最强。趋势线的上方或者下方出现缺口时，它反映出巨大的变换（消息面或者基本面），而且显示趋势可能发生变动。此法则并不需要 2B，也不需要经过试探（趋势线）。但是，缺口应该穿越趋势线，此法则才有效。

趋势的反转并不是短期走势，请懂得是中期走势的改变，中期走势通常数周至数个月。

盘整最好的分析，盘整之后 70% 是之前的趋势，这招数非常好使，在期货中通常用，股票市场也非常好使。

原始上涨趋势线如果角度极小，则其上涨趋势不强。接近 45 度的趋势线是最完美的。

5. 三天法则

三天法则，是指应用最近三天的盘中高价和低价。价格发生反转而穿越三天的高价或者低价的时候，那么做多或者做空，并以第三条的低价或高价作为止损。假如止损被触发，那么头寸将会反转。

6. 四天法则

四天法则指的是在中级趋势下，市场在高点接连四天下跌或在低点连续四天上涨的走势而出现反转，趋势非常可能发生变化。

7. 四天辅助法则

四天辅助法则指的是中级发展到一定程度之后，假如出现四天（或以上）的顺势走势，接着出现第一天有相反的逆走势，那么表明到顶或到底。

实际上趋势操作买点太晚，卖点也非常滞后，其意义是让你看清楚方向，就如同是导航塔……真正的买卖点是要运用到其他技术。

第六章　安东尼·波顿抄底的秘诀

人物简介

安东尼·波顿（Anthony Bolton）是英国富达国际投资总裁，是英国乃至欧洲最成功的基金经理人之一，他被一些投资界人士称为"欧洲股神"，享有"欧洲的彼得·林奇"的美誉。他是一个传奇人物，自1979年以来，他掌管富达特殊情况基金长达30多年，并创造了20%年复合收益率，将一只初始资金仅为1000英镑的基金规模暴增了147倍。他被《泰晤士报》评选为史上十大投资大师之一，位列格雷厄姆与巴菲特之后。

安东尼·波顿出生于1950年3月7日，毕业于英国剑桥大学，获工程及商业研究荣誉硕士学位。毕业后，安东尼·波顿任职于一家小型商业银行，6年的投资分析师生涯使他开始形成自己的偏好。1976年，他进入Schlesinger's资产投资管理公司，其后升任基金经理开始独立管理基金。1979年是安东尼·波顿人生的重要时刻，29岁的他加入富达，成为富达在伦敦的开拓者，从此开始叱咤30年的投资生涯。

成功关键：以一种逆向进取的方法寻求资本成长的机会。

操作风格：长短线结合。

操盘哲学：了解一家企业是至关重要的，尤其要了解它的盈利方式和竞争能力。

抄底名言：进行与众不同的投资，做一个逆向投资者。当股价上涨时避免过于看涨。当几乎所有人对前景都不乐观时，他们可能错了，前景会越来越好，当几乎没有人担忧时就是该谨慎小心的时候了。

一、波顿抄底战役

"逆向操作"——这是安东尼·波顿闻名于世的绝招。在《安东尼·波顿的成功投资》一书中，波顿写道，他喜欢以低价买进复苏股，投资那些不受欢迎的股票。这可不是说说的，首先看他管理的基金，什么名字不好取，偏偏取个"特别情况"，一看就铁了心要与众不同。接着再了解下他的重仓股名单，一些大家耳熟能详的公司，如英国电讯、英国石油、渣打银行等都只是"配角"，真正的"主角"是些名不见经传的"另类"公司，甚至还有那么两三家公司，波顿连它们的名字都不记得了。结果呢，波顿正是通过购买这些正从衰落或其他挫折中恢复的公司股票而盈利，除此之外，波顿还寻找一些由于未被充分研究而低估的公司，以及那些成长潜力未被他人识别的公司。

他管理的"特殊情况基金"一直坚持逆向投资的理念，标的是那些净资产、股利收益率或每股未来收益被低估，但却具有某些潜在因素可以提升未来股价的公司。

逆向操作是波顿最为知名的投资理念，而"特殊状态基金"就是这个理念指导下最成功的作品。

其中的秘诀就在于和巴菲特一样，波顿避开了那些高度热门股票，选取了大量与网络无关的股票。

当市场上大多数人都对一只股票唯恐避之不及时，波顿却要大量买入，更重要的是，这些当初被遗弃的垃圾在事后又能一次又一次地被证明确实是宝贝。

正是这种逆向投资的思路，使得 1999 年波顿的 30 只股票居然全都被并购，全部"乌鸡变凤凰"，让他大赚一笔。

市场的戏剧性使得一般投资人却步，但却令逆向投资人获利丰富。波顿在其成功的二十多年的投资生涯中，提出了几个印象深刻的事件，是正确判断并勇于做一名逆向投资者的成功案例。

波顿历经 1987 年的股市大崩盘与 2001 年"9·11"纽约恐怖袭击。波顿回忆起在 1987 年大崩盘过后，专家们的意见在当时非常悲观，甚至有经验丰富的投资经理说："如果世界上最大的股票市场一天内下跌都超过22%，那么投资事业将永远难以复原。"还有大量的研究员预测，这次股市的大崩盘将引起一次严重的经济衰退，甚至是经济大萧条。然而波顿基于逆向投资的思考，并不苟同当时主流的言论，并争论说，市场一定会复苏，大崩盘反而创造了一个极佳的买进机会。后来的历史证明他的判断正确，随后美国股市展开长达数年的牛市行情。

另在 2001 年"9·11"事件发生前，波顿正研究保险行业的投资机会，认为前景看好。虽然突然发生"9·11"这有史以来最严重、最糟糕的保险损失事件，但波顿的经验告诉他，事件后的几个月内，将会是那些受事件影响最严重股票的买进时机，并随即大量增持保险业、旅馆业和交通业相关的公司股票，在市场复苏后大赚了一笔。

正是这种逆向操作的思路，让波顿有效地避开了市场热点，寻找到真正的价值投资，在别人贪婪时，他布局；在别人恐惧时，他丰收。

不难发现，和老谋深算、买入蓝筹并长期持有的股神巴菲特相比，波顿明显"剑走偏锋"，热点题材股他不要，主流蓝筹股他不碰，炒作概念股他不选，他挑选的永远都是一些价值没有被充分发现，价格没有被完全释放的优质且备受冷落的股票。当然，就这种投资思路来看，波顿跟巴菲特是如出一辙的，都是"价值投资"。不过也有一项数据表明，波顿平均持有股票的时间为 18 个月，与巴菲特的动辄十来年相比，波顿的投资周期明显短了很多。所以，波顿的事例告诉我们，价值投资并不必然等于长期持有，价值投资也有不同的风格、不同的手法、不同的策略。

二、波顿的逆向投资理念

逆向投资是安东尼·波顿的成功秘诀，也是他最主要的投资理念。他做出这样阐述：

以往的 30 年投资生涯中，我反复思考获得长期卓越投资记录最依赖的要素。什么是能在牛市和熊市都能制胜的方法，对于一名长期投资者来说至关重要。我见证过西方市场两次最高的顶峰和最大的崩溃（1987年的大崩溃和 2000 年的网络股泡沫）。它们让我懂得，目光长远的投资者获得成功的机会最大。

我认为，一名成功的投资者应该具备两种品质：对潜在投资机会加以勤勉而广泛的研究，以及摆脱市场对"热股"普遍追捧的影响。

正是这两种品质，使我在以往 25 年里取得骄人的投资成绩。

现在，我相信这两种品质对中国投资者一样有用。我期望，此文能鼓励中国更多的投资者培养这两种品质。

中国投资者如今正面临很艰难的决定：大多数投资者认为 A 股以及香港市场不大可能在将来提供与过去两年一样的惊人收益。即使他们感到恐惧，然而许多投资者继续大笔押注市场继续上涨，买进当前炙手可热的股票构建过分集中的投资组合，并且希望他们能够在将来市场调整前抛售股票，而不会赔了储蓄。我担心这会造成很多人赔钱，并且期望能提供一种风险更低的投资理念。

与大多数市场专业人士一样，我认为很难猜测 A 股市场的情绪什么时候转变，或者它在见顶以后的跌幅有多大。我明白持有过多热门股票的投资者在调整来临时将会承受重大的打击。我以为，期望保护他们已获得收益的投资者明智的策略只有一个：他们应该重新审视主要依赖市场判断而做的投资。简单来说，他们应该更具有逆向思维，并且开始准备在市场调整来临时（我们都知道这是必然的）减仓。

在中国，此投资方法并没有动量驱动选股法那样流行，然而运用不多也是其一大优势：在冷门以及过时的市场行业里往往能够找到便宜货。与十年前相比较，中国公司在信息披露以及股东方面普遍都有所改善，各种各样的报告以及网络服务使投资者得以评估公司的稳健程度，增强了研究推动型投资策略的优势。受惠于更丰富的信息及巨大的动量驱动型市场，现在正是采用逆向操作投资于中国股票的最好时机。

由此可见，逆向投资是波顿最核心的投资理念，为了把这个理论传播出去，他在给投资者撰写的《安东尼·波顿的成功投资》一书中写道："在市场极度乐观或极度悲观时，往反方向下注就对了。每次，当我看到全市场的投资人都举手投降时，就像看到股市落底的明确迹象。这一招，我已经用了30年了。"安东尼·波顿说，30年来，这招从未失灵过。

在波顿看来，逆向投资有两层含义：其一是情绪上的逆市，也就是巴菲特常说的"别人贪婪时我恐惧，别人恐惧时我贪婪"；其二是选股策略上的逆市，投资爱选冷门股、偏门股，不随波逐流，不追逐市场热炒的股票。

安东尼·波顿说："投资需要自己在感觉不那么'舒服'的时候大胆买进或是卖出。"他还说："做到这一点需要勇气，需要信念，需要敢于逆潮流行事。"

安东尼·波顿对于股票市场有以下几层理解。

第一，波顿认为市场有其公允价值。他觉得整个股市和上市公司一样，是有其内在价值的，当然估算股市的内在价值要比估算上市公司的内在价值复杂得多。

在波顿看来，投资很简单的一条就是：当市场的市场价值高于其内在价值时，就按照市价卖出股票；反过来，当市场的市场价值低于其内在价值时，就按照市价买入股票。

第二，情绪决定了市场的短期价值。尽管市场也有其内在价值，但实际上这种价值基本不能真实地反映出来。每个人对未来都有预期，都有自己的情绪，而这种情绪影响了人们对于市场的估价，导致其实际价值偏离内在价值。

实际上对安东尼·波顿来说，他所给出的对市场的内在价值的估算，也仅仅是他本人的预期和情绪的汇总。所以安东尼·波顿所要做的事情，并不是去尝试着准确地给市场定价（因为他知道这不可能），而是准确地把握市场中的情绪以及这种情绪的变动趋势。

第三，市场的走势难以预测。既然情绪决定了市场的价值，那么市场的走势当然难以预测。也许今天大家对未来还是一片看好，但是明天突然的一场灾难就会引起人们的恐慌；又或者今天市场还是一片悲观，但是一条突然的政策会让大家的情绪瞬间乐观起来。

和所有人一样，安东尼·波顿没有办法预测明天的市场，他只能凭他的经验告诉他的追随者："给那些尝试去抓住市场时机的投资者的建议是牛市持续的时间通常会比预期的要长，而在一波强劲的牛市行情后，一个新的熊市真正开始前通常会有一些假象。这是因为市场转换需要消耗掉牛市中内在上涨的动力。"

第四，事实总是存在，只是你的态度不同。波顿认为无论是引导市场向上的因素，还是引导市场向下的因素，事实上总是存在的。市场向上或是向下，并不是因为这些因素的改变，而是因为人们看待这些因素的态度的改变。

第五，股市总是轮回。股市总是有涨有跌的轮回，从来就不可能一直上涨，也不会一直下跌。当牛市持续很长一段时间后，大家都变得谨慎，没有人愿意再买入，这时候就出现了熊市。

反过来当市场情绪极度悲观，卖家已经卖空了股票，这个时候市场的底部已经出现。换言之，市场的底部不是因为买家的出现而确立，而是因为最后一个卖家的出现而确立。

安东尼·波顿习惯于和市场做出相反的投资举动，并获得了巨大的成功。

三、你必须有跟别人不一样的东西

说到投资大师，我们容易"随波逐流"，言必称本杰明·格雷厄姆、沃伦·巴菲特、彼得·林奇、杰姆·罗杰斯、乔治·索罗斯，以及最近炒得火热的"量化投资奇人"詹姆斯·西蒙斯，不过，还有一个人我们也不要忘了提，他就是被业界称为"欧洲股神"的安东尼·波顿。需要指出的是，他的投资风格可从不"随波逐流"，反而喜欢"独辟蹊径""不走寻常路"，对此，他解释说，"以一种逆向进取的方法寻求资本成长的机会，这就是我投资技巧的核心"。波顿有这样的体会：

"失宠"公司及行业通常才是投资者可以买到的最好的便宜货，只要他们愿意建立与市场相反的仓位。尽管每一名投资者都知道，狂热总有一个结束的时候（有时非常突然），但很少投资者愿意建立一个投资组合以防狂热的结束，而是随波逐流，投资于风险更高的股票。

随波逐流付出的代价很高：当市场下跌，风险最高的股票通常跌得最快，并且远快于它们上升的速度。此前被视为"热点"及"黑马"的板块及行业通常在跌市中的风险最高。

相反，投资于"冷门"及"过时"公司的反向投资在市场转向时可获取真正的收益。2000年，当科技股崩溃的时候，我的投资组合几乎全部是冷门股票以及高素质的非科技投资。当年我跑赢了基准指数，并且是差距拉得最大的一年。随后，我又得以在科技公司股票跌至低位时趁低吸纳。

波顿指出："我们应该独立思考，避免受他人影响。你的观点不会因为别人认同而正确，也不会因为别人的反对而错误。"

"投资并非一种精准的科学，我从几十年的经验中学习到一些教训。"要了解企业的专享优势及其品质和推动企业成长的关键因素。第一时间倾听管理层传达的信息，比别人早尝试、早思考。

波顿结合自己的个性学习巴菲特，而不是完全模仿或复制巴菲特。也就是说，在学习股神的股经时也不放弃自己的独立性。

"尽管他很少进行交易，持有的股票数量也不多。但他（指巴菲特）教会我选择具备坚实经营权的企业和有能力创造自由现金流的企业。"

安东尼·波顿不同于"买入持有型"投资者，其做法是，一旦股价充分反映价值后便卖出。这导致他的投资组合周转率如此高：70%的投资标的每年会改变，一只股票的平均持股期为 18 个月。

"如果你想胜过其他人，那么你必须有跟别人不一样的东西。如果你想击败股市大盘，那么你持有的投资，就绝对不能是大盘本身。"好一个"你必须有跟别人不一样的东西！"

波顿最大的特点是：逆向操作，偏爱投资中、小型企业。他奉行以高于平均的风险内涵管理基金，搜寻遭人抛弃的股票——"理想的投资标的，是受市场冷落、不被追捧的公司。找出那些眼前被市场忽略、将来有可能让公司业绩转好的因素"。

正是不随波逐流的个性，让波顿管理的基金在牛市和熊市时均能跑赢大盘。1987 年 10 月，美国股市一天内暴跌 22%。业内弥漫着悲观预期，不少人认为投资面貌将永远为之改变，甚至会引发经济萧条。

"不知是出于乐观的天性，还是反向思维。我当时认定，市场将恢复元气，这次崩盘事件，创造了一个大好的买入机会。"波顿说。幸运的是，到年底时，波顿的基金依然获得 28%的成长，而股市大盘的涨幅只不过 7.3%（金融时报指数报酬率）。

在投资领域，如果你不是一个随波逐流的人，长期来看会有回报。但是，采取和一般大众同样的做法，往往会让大多数人感到安心。坚持做个逆向操作者很难，波顿坦言："这是一件很孤独的事情。但是，如果有 3 家经纪商打电话，告诉我某个股票值得买入，我通常就会觉得这不太好。"

简言之就是：在投资的领域里，如果你想要超越别人，想击败市场所有也想做到同样结果的人，那你一定不能被市场左右，你必须反其道而行之，做到与众不同。

四、必须时刻注意市场的情绪

这就是为什么波顿会在《安东尼·波顿的成功投资》一书中以专门的篇幅来谈情绪，他说，偏见和事实一样重要；短期内，股市是一个投票器，而不是一台称重机；那种不顾股票内在价值多少的偏见会带来机遇或风险；避免对持股带有个人感情。这些观点简明扼要，表述也通俗易懂，但道理却都实实在在。

波顿认为，股票市场就像一个"晴雨表"，跟投票机制类似，如果大家认为股票好，会跟风买进，这有一个市场情绪因素。波顿向众多投资者展示了一幅"市场情绪图"：

从 2006 年至 2009 年，市场经历了从乐观到极度亢奋，再从焦虑到极度恐慌，如今似乎又回到了起点，市场又再度充满希望，对前景充满了乐观。每一次市场的拐点，都对应着市场情绪的波动，而投资人也不断经历着自我肯定到自我否定的过程。

观察市场情绪，是波顿非常特殊的一个投资方法。在他的研究体系内，恐慌指数占有重要一席。2008 年底，波顿已经发现，当避险基金向股市宣布投降，共同基金投资人也大肆赎回并高举白旗之时，恐慌指数达到了高点。

VIX 指数（Volatility Index），俗称恐慌指数，是芝加哥选择权交易所推出的一种波动率指数，VIX 指数越高，代表市场对未来指数波动程度的预期心理越重，心态越是恐慌。在 2008 年 9 月 18 日美股盘中，VIX 指数一度达到 42.16。自 1993 年这项指数推出以来，这是第 5 次突破 40 大关。

波顿说，股市是一个绝佳的"贴现机制"。当经济转好时，股市通常会"超额"反映出基本面的利好，因为那时候股市已经有了很大的涨幅。当股价下跌时，人们往往容易变得更加沮丧。但是，一个成功的投资人必须懂得如何避免。

投资人的致命错误有两个，买在高点是一大错误，第二个错误则是卖在低点。既然错了一次，就不该再错第二次。

牛市倾向掩盖忧虑情绪。当市场处于底部时，所有的问题和担心都被扩大化，而当市场好转时，它们则会淡出投资者的视野。不管是牛市还是熊市，有些问题始终在那。

股市是对未来的完美反映，股价走势代表了投资者对未来 6~12 个月的预期。

大多数人会在牛市成为乐观主义者——更愿意买进而非卖出；在熊市成为悲观主义者更乐意卖出而非买进。所以成功的时机把握者应该逆市而动，能很好地控制自己的情绪。认为趋势能持续的人越多，趋势越不能持续。

进入股市的时间越长，对市场的看法就越成熟，即不再判断股市拐点。大部分牛市的持续时间都比预料的要长。牛市之后，通常要有数次震荡之后才能出现真正的熊市，我个人认为这是因为消除牛市的乐观情绪需要一段时间。如果错过了牛市中的最好时机，也就是后半期，那收益率就会受到很大影响。

"在投资这一行待得越久，我对一个问题的认识就越深刻，那就是'偏见和事实一样重要'。在股市中，如果和别人完全一致，那我们很可能就错了。偏见是如此重要，以致一旦偏见达到了极致，那价格就会偏离价值很长时间。"

所以，他提醒投资者要时刻注意市场的情绪：长期来看，股市反映的是公司的内在价值。但短期来说，它反映更多的是人们愿意买进的价格，这个价格可能和公司的内在价值有极大的差异。

波顿的投资策略就是，买入那些被市场错误定价的股票，并等待市场纠正错误，至于那些定价合理的股票，他几乎从来不买。

五、抄底股票，最重要的是信心

波顿说，逆向操作的第一堂课，就是区分信念和事实。股市往往受市场情绪左右，投资者在股价上涨时不是变得谨慎，而是倾向于看好后市。当投资者很看好市场前景时，他们通常偏爱雄心勃勃、快速增长的公司，而这些公司的业务计划经常承受较高的风险。如果他们的信心持续较长（特别是在股价快速上升的期间），业务被当作"过时"以及"缺乏亮点"以及增速较慢、业务计划比较保守的公司（甚至整个行业）就会落后于大市。过一段时间之后，其股价可下跌至远低于与其优秀业绩相符的合理价格。即使这样，如果市场掉头往下，投资者抛售风险股票以买入业绩理想的股票，落后公司的表现往往会迎头赶上。有的时候，它们是跌市中唯一上涨的股票。

他认为，抄底股票，最重要的是信心。

波顿说："我从不为自己的持股设定目标价位。我做的是定期复核我的'投资理由'，然后评估自己对它的信心程度。与为持股设定目标价位相比，我更喜欢评估自己对它们的信心程度。我不会想这只股票的潜在涨幅是 20%，那只股票是 50%。具体的目标价位暗示了一个对未来的精准预测这是不可能的。价格区间可能要更合适一些。如果能得到公司业绩的精确预测，投资者会觉得很安心，他们会认为：如果预测过程正确，结果就正确。这是一个很危险的假设，事实通常不是这样。有时，经纪人会给出非常具体的目标价位，对此，我的解释是：他们想证明自己预测得比同行更准，但事实并非如此。"

对波顿而言，在投资股票时，最重要的不是目标价格，也不是资产配置，而是信心。安东尼·波顿认为，通过预测公司的未来业绩来给出具体的目标价位是不可能的，因为短期股价是买卖均衡的结果，而这个均衡是脆弱的，很小的市场变化就会引起波动。因此，安东尼·波顿做得更多的是定期复核投资理由和评估信心程度。

在建立投资组合时，波顿首先要问自己的是"我的投资组合是否与我的信心程度相匹配"。在选择个股方面，他也只选那些被严重低估的股票，如果对一只股票没有信心，即便是指数中的权重股，他也绝不买进。开始时，他只在一只股票上投入资产组合的 0.25%，之后，随着信心程度的增强，渐进式增仓，但任何一只股票在组合中的比例都不会超过 15%。

"我买进个别股票的数量通常反映出我对这只股票的信心、它的风险高低、股票的市场性，以及我和富达持有该股票的比率。我们设定持有任何一家公司股票的上限为 15%，然后我会随着自己对股票的信心水准的变化而改变持股的数量，也许在一次与公司高层会谈之后，或因为公司发布新消息而增加持股，或者在股价上涨之后，因为资产负债表恶化而减少持股。因为我管理的投资组合规模很大，我通常是从持有一家公司 25 个基点（投资组合的 0.25%）开始，随着信心的增强，在前面提到的限制下，我会提高持股到 50 个基点（如果管理较小的投资组合，我会从 50 个基点开始），然后 100，然后 200，最后到 400 个基点。我持有超大型股偶尔可能会超过 400 个基点，但大部分时候必须是富时 100 指数的公司，我才会持有超过 200 个基点。我持有这么多公司的股票并朝特定的方向前进，直到发生让我改变方向的事。我通常不会一次大幅调整持股的数量，我的动作大多是渐进的。当信心增强时，我处于增加持股阶段，而在发现股价已反映（利多题材或业绩）时，通常会开始减少持股——投资很少是黑白分明的。"

波顿认为，投资要有信心，不要太过于自信，必须随时保持开放的心态。

如果对自己都没有信心，那还凭什么去战胜强大的对手。在投资的无形战场上，最大的敌人就是自己，对自己缺乏信心，正是投资失败的主要因素。

六、要学会"不舒服地"买入

波顿说，逆向投资策略就是将市场上出现的波动视为机会，并且要不惧怕买入一些不受欢迎或者暂时表现不好的资产或者公司。但可能在一段时间之后，投资人会被这些公司的某些亮点所再度吸引。

了解波顿的人都知道，他成功的一大秘诀就在于"逆向投资"。波顿是这样阐述这一策略的精髓。

"要冷静地思考其他大多数人的看法。"波顿说，"通常当最坏的消息频频传来之时，恰恰是最好的买进机会；而当满世界都是好消息的时候，可能就是要卖出的最好时机"。

波顿强调说，作为一位明智的投资人，必须要有很强的纪律性来利用这样的最佳买入和卖出时机。"许多投资人做的恰恰相反，当一切看上去都很完美的时候，他们会感觉很'舒服'，很无所顾忌地买进；反之亦然。"

波顿有这样的体会："依我的个人经历来说，许多投资人并不喜欢染指任何暂时表现不好的企业，所以，他们很容易错过转机到来时的机会。但是，投资人也不应该毫无选择地进行逆向操作，换句话说，不能把那些只是暂时表现不好的潜在优质企业，等同于那些基本面很差的企业，因为后者可能永远都没有翻身之日。"

在波顿看来，要抓住那些所谓的"潜在复苏个股"，投资人不能等到搜集齐了所有支持买入的信息之后再动手，那样机会很可能已经错过。"要让自己学会'不舒服'地买入。"波顿一语道破天机。

当一家公司的复苏态势已经赫然确立，其给投资人带来最大回报的时机可能已经过去。对于那些"潜在复苏个股"，买入从来都不嫌早。

"第一次的盈利预警从来都不是最后一次，所以，一个捕捉'复苏个股'的投资人必须在何时开始大举介入的问题上保持耐心。"

七、忘记购买股票时的价格

波顿认为，买入某只股票前，清楚地了解风险。但买入后，就要忘记自己为股票支付的价格，因为价格没有任何意义。他这样阐述：

最重要的事情是，你得忘记买进价格。否则，如果股价持续下跌，它就会成为你的心理障碍。"投资理由"是成功投资的关键，你得定期复核。如果公司状况持续恶化，那这只股票就不值得购买，而且是一只需要赶紧抛售的股票。即便现在的价格比买进价低，你也要坚决抛售。为证明自己开始时的买进理由是正确的，而继续在这种股票上投钱想把钱赚回来的想法是很危险的。投资的一般准则是，你不可能用亏钱的方法把钱赚回来。幸运的是，我对数字的记性不太好，所以很少能记下买入价（对不了解我的人来说，这很让他们吃惊）。最近，有个投资组合经理问我："如果我持有一只股票，投资理由被证明是错误的，股价也下跌到一个很低位置，那我是否还应该继续持有呢？"对此，我的回答是："如果投资理由错了，那即使股价再低，也应该坚决抛售。"

在决定抛售股票前，波顿会考察是否满足三个条件："如果某些事情否定了我的投资理由；如果达到了我的估值目标；如果我找到了更好的股票。"

"我常发现，有一个好方法可以测试我对一只股票的信心，就是找另一家我喜欢的同类公司，直接比较这两只股票。在正常情况下，一对一比较两家公司并考量所有的相关因素后，我偏好哪一家公司就会很清楚了。一对一直接比较股票是减少持股清单的好方法，空头市场或盘整阶段尤其是重新检讨所有持股投资前提的好时机，可以处理你较没有信心的股票。我通常会在空头市场减少持股的数量。"

波顿会列出一份"观察名单"，上面是他认为可以买进但还没有足够信心采取行动的候选公司。波顿的做法之一是保留关于这类公司的报告（包括内部和外部的报告）与从公司会谈取得的资料，按字母顺序放在他房间的架子上。通常他每季度会温习一次，以决定是否把它们继续留在观察名单里。波顿把股票分成三类：

（1）更深入研究后买进的公司。

（2）继续留在观察名单上的公司。

（3）从名单上去除的公司。

波顿为他持有的所有公司建档，内容包括最近的内部分析师报告、重要的外部报告和财报资料，还包括他与公司高层会谈的笔记影印本，每次会谈前，他一定会参考这些档案。

八、不必考虑经济前景

波顿说："我个人比较少看重经济的状况，因为我觉得经济状况很难判断，而往往在经济的积极数据出来之前，股市就已经开始复苏了。"

不考虑经济前景。这一点是安东尼·波顿和乔治·索罗斯最大的不同，索罗斯十分关注宏观经济前景，而波顿认为这一点根本不值得考虑。

波顿说："依照我的经验而言，经济学观点从来不会帮助你有效地把握市场的时机。"

"我们最觉得压抑和沮丧的时候就是看经济新闻，但我觉得经济新闻的表征和实际的周期是相反的。最差的情况莫过于在大市攀顶时匆忙入市，到大市跌入谷底时又迅速撤离，这与投资传奇人物本杰明·格雷厄姆所提倡的'低价买入，高价卖出'的原则背道而驰。遗憾的是，这种事却经常在私人投资者身上发生：很多投资者在 1999 年科技网络股如潮的顶峰之时入市，折腾几次后却按捺不住在 2003 年 3 月大市接近最低时套现离场。当然，市况风高浪急，要在像最近这样动荡的股市中保持镇静确实知易行难。当我们每天从电视晚间新闻中不停地看到类似于'股市大屠'这样骇人听闻的新闻标题时，大多数投资者普遍的直觉是要尽快撤资，殊不知这是极其错误的做法。"

波顿本人在筛选买入和卖出时机时，关注的三个要素为：牛市和熊市的历史模式，即在牛市涨了多高和多久，在熊市跌了多深和多久；投资人的情绪与行为；一些比较常用的市场比较。

在评估市场前景时，波顿重点考虑三项因素：

（1）牛市和熊市的历史，股市上涨、下跌的时间和幅度与历史情况是高度相关的。

（2）投资者的情绪指标和行为指标，例如涨跌期权比率、顾问情绪指标、市场宽度、动荡程度、基金的现金头寸和对冲基金的总风险程度以及风险暴露度。当这些指标显示市场处于极度乐观和极度悲观时，你就应该反向下注。

（3）看那些长期估值指标，特别是市净率和股价/现金流。如果它们超出了正常范围，那就预示着风险或机会来临。

如果上述三点相互确认，那就说明拐点即将出现。

当波顿确认牛市已经发展到成熟期时，他就会减持高风险股票和股价已经有过出色表现的股票。他认为，一般而言，在一轮行情中领涨的板块不会在下一轮行情中继续领涨。

波顿建议，牛市成熟时，你应该减持那些风险度大的股票。当牛市持续了四五年时，你应该有所警惕。

九、搜寻“特殊情况”股

波顿的盈利模式是，搜寻“特殊情况”股。他说：“尝试识别出当下被人忽视，却能在未来重新获得利益的股票。股市的眼光不够长远，因此，有时像下象棋一样，只要你比别人看得稍远一点就能取得优势。”

对于波顿来说，他喜欢的不是那些评级最高最好的股票，而是那些价值被市场低估的股票。

波顿对具备“特殊情况”的股票尤其偏爱，对于“特殊情况”股票的定义有很多种，它们主要的特征包括“失宠于投资者”，或是“价值被低估”。

“特殊状态基金”自 20 世纪 70 年代以来取得了 14000％的投资回报，明显超越行业平均水平。

在翻阅过 1981 年以来波顿所掌管的富达特别情况基金的十大重仓股之后，就不难理解他所谓的"特殊情况"到底指的是什么了。在这 20 余年的重仓股名单中，一些如英国电讯（British Telecom）、英国石油（BP）、渣打银行（Standard Chartered）等大家耳熟能详的公司都只是"配角"，真正的"主角"都是些名不见经传的"另类"公司，甚至"有那么两三家公司，它们的名字我一点都不记得了"，连波顿自己也对购入股票的"另类"感到惊讶。

是的，波顿投资的正是那些与众不同的企业，"我寻找那些价格便宜、不受欢迎的，但是可能不久后能重新吸引投资者注意力的股票"。波顿的特殊情况基金正是通过买入那些正从衰落或其他挫折中恢复的公司股票而获利。

何为特殊状态公司？波顿的定义是：价格相对于资产、股利或者未来每股收益而言具有吸引力，但还具备其他特色、有可能对股价产生正面影响的公司。

统计数据显示，波顿平均持有股票的时间为 18 个月。在安东尼·波顿看来，"价值投资有不同的风格，与选择什么时候卖出股票相比，寻找价值类股票更为重要。我们总是在重复'发现价值股票、持有至充分估值后再转向另一个价值股票'的过程。当然，有些股票我们也会持有 5~6年，有些股票我们是卖出后再买入，这完全取决于股票的估值状态。"

安东尼·波顿将"特殊情况"的股票分为四大类。

第一类：有被收购可能的公司

当一家公司存在被其他公司收购的可能时，那么最后的收购价和当前市场的股价相比往往存在 25%~30% 的溢价，而如果收购方公司和被收购方公司两家存在竞争关系的话，那么收购溢价可能会更高。一般来讲，收购者的身份有两类：竞争公司和金融收购者。

安东尼·波顿看好存在被收购可能的公司的未来溢价，同时他也提醒投资者，不能根据小道消息就相信这家公司短期内会被收购，在买之前还是要做好基本面分析。

第二类：有复苏潜力的公司

这类公司当前的业绩通常都不佳，而且看起来这种不佳还将延续一段时间。大多数投资者和分析师都不看好这类公司。

但是在安东尼·波顿看来，当公司在发生管理层变动、重组，或者是分析师放弃对其进行调研、投资者大量卖出其股票的时候，对他来说却是很好的买入机会。因为这个时候这类公司的股价通常都会很低。当然，买复苏股并不是买垃圾股，在买入之前，安东尼·波顿要对其进行充分的调研，以说服自己当前的不景气只是暂时的，将来公司一定会转危为安。

波顿还认为买入复苏类的股票一定要快速和准确。因为市场是非常敏感的，一旦等到大家都能够确定公司的业绩即将复苏时，那么它的股价已经上涨了很多。

第三类：不对称回报的股票

所谓的不对称回报股票，是指那种可以让投资者赚很多钱但同时又不会赔很多钱的股票。安东尼·波顿非常喜欢投资这类股票，例如石油开采公司。这类公司的经营模式是利用已经开采出来的石油换取现金，然后再拿这些现金发掘新的油井。

对于这类公司，安东尼·波顿认为只要在有吸引力的价位买入，那么股价下跌的可能性很小。反之，当公司成功挖掘出新的油井后，公司将获得超额收益。

而对于那些回报对称的股票，安东尼·波顿不是很感兴趣。

第四类：折价出售的股票

这里的折价出售是指市场价格，例如当一些重大的负面事件发生时，股价会突然出现大幅度的下跌。安东尼·波顿认为市场是不理性的，股价的下跌有相当一部分是错杀，而这部分折价会在将来逐渐补回来。

当然，重大的负面事件不会经常发生，而且当事件真的发生后，我们也需要首先确认该公司的股票到底有没有被错杀。

更多情况下，那些分析师所不熟悉领域的公司，或者主营业务缺乏吸引力的公司所隐藏的高增长可能被大家所忽视，而安东尼·波顿正是挖掘其隐蔽增长率和隐蔽资产的个中能手。

在这里为大家介绍几只安东尼·波顿投资的"特殊情况"股票。

Gallagher 烟草公司

Gallagher 一直都是波顿最喜欢的烟草公司，20 世纪 90 年代后期他就开始购买该公司的股票。安东尼·波顿选择它有几个原因：有趣的地理位置；具有被并购的潜力；强大的盈利能力。

2006 年 12 月，Gallagher 烟草公司逐步被日本烟草公司收购，富达特殊情况基金不仅因为该公司业务的成长而获得了股价的增值，还因其股票被竞争对手并购而获得了相当程度的溢价收入。

Cairn Energy 石油勘探公司

20 世纪 90 年代中期，波顿对石油勘探公司 Cairn Energy 的投资也比较成功。这家公司的股票是典型的不对称回报股票。在此期间，公司在包括孟加拉国在内的很多地方发现了油气田，股价也跟着水涨船高。波顿对其的波段操作也很成功，他在 1997 年公司股价很高的时候将其卖出，然后又在 2000 年股价跌到很低的时候重新买入。

对于 Cairn Energy 公司的波段操作，波顿很是得意，日后也反复提起。同时，对于这家公司的管理团队，波顿也有相当高的评价。

2004 年，公司花了 700 万英镑从 Shell 公司买了一片区域 50% 的开采权，后来证明这笔投资非常成功，在这片区域发现了很多油气田。进入 21 世纪，随着新油田不断被发现和石油价格的上涨，这片区域的价值已经将近 30 亿英镑，远远超过当初的 700 万英镑。

在这家公司的发展进程中，类似的投资不少。

MMO2 电话服务商

MMO2 是一家从大公司 BT（英国电信公司）独立出来的移动电话服务商，安东尼·波顿一向对这类公司颇有兴趣。

在这家公司刚刚独立不久，安东尼·波顿就拜访了它们的首席执行官（CEO），探讨了这家公司的未来。在这次交谈中，这位 CEO 很坦诚地告诉波顿，公司将来有可能会被别的大电信公司兼并。

对波顿来说，这家公司还有一个吸引人的地方就是其股价相当便宜。因为公司拆分之后所有原 BT 的股东都得到了 MMO2 的股份。但由于MMO2 公司规模很小，所以很多持股股东都急于将手中的股票卖出。放到我们 A 股市场来说，这种情况就是大小非急于套现。由于市场上该股票的交易价格一跌再跌，这就给了波顿一个很好的低吸机会。

并购前景加上股价低廉，波顿大胆地买入了 MMO2 公司的股票，而且在很长时间内，这只股票都是波顿的重仓股。果不其然，几年后MMO2 就被 Tele Fonica（西班牙电话公司）收购了，波顿当然也收益不菲。

实际上，由于波顿的独特选股思路和敏锐的直觉，他在 1999 年所投资的 30 只股票最后全部都被并购，从此乌鸦变成凤凰。人们总是说国内的王亚伟是"重组王"，其实对比起来，安东尼·波顿才是真正的"重组加并购王"。

十、波顿抄底的成功法则

在别人遗弃的垃圾中寻宝，这个过程需要怎样的勇气和坚持？需要怎样的自信和毅力？当市场上大多数人都对一只股票唯恐避之不及时，波顿却要大量买入，更重要的是，这些当初被遗弃的垃圾在事后又能一次又一次地被证明确实是宝贝，是什么在支撑着波顿这种与众不同的判断力？

首先源于他前瞻性的想象力，他的投资者，同时也是对手，一位专门投资基金的基金经理查特菲尔德·罗伯茨举了个鲜活的例子："要知道波顿多么有想象力，只要看看他自 20 世纪 90 年代以来就长期持有的诺基亚公司的股票就知道了。90 年代，当多数人，也包括我都觉得移动电话就是些无用的砖头对此嗤之以鼻时，波顿却很早就意识到这只股票的价值。事实证明，我们都缺乏眼光。"

但只有想象力也是远远不够的。"我认为，你想要做好的话，就必须全身心地投入，毫无保留。"看来勤奋努力的调研也是波顿抄底的关键。

在投资上，波顿坦诚自己会用到许多彼得·林奇的投资方法，"亲自动手投资，会见投资目标公司，并深信如果你预期某种收益，你需先预期其股价"。他这样对公司加以调研：

从早期开始，波顿的投资方法就一直是建立在对公司进行内部调查的基础上，他要考虑公司内部股票分析师的分析并与投资目标公司管理层定期召开会议，而后来这种模式成为波顿许多竞争对手的范本。在波顿看来，一名成功的投资者必须具备两种品质：对潜在投资机会进行勤勉而广泛的研究，以及摆脱市场对"热股"普遍追捧的影响。波顿认为市场反向投资者取得成功的一个重要先决条件是研究。独立评估各个公司优劣势，发掘新公司，以及判断当前股价在多大程度上反映了各公司优劣势，是波顿判断是否持有公司股票的三大途径。

除了勤奋的工作态度，坚定的执行力和行动力也是他成功的必要保证之一。 波顿就是一位投资精准度来自极广泛研究的投资者，这些研究结果是他在那些有时过度延长了的反向市场趋势下坚持自我投资的知识库。他从不屈从于自我主义的顽固倔强。他形成买入决策的法则同样继续适用于现今持股。从来没有偏见或恋旧的因素干扰过他做出卖出一只基础恶化股票的决定。

风险控制也是波顿投资的重点。他认为，投资管理最重要的是犯错的多寡——50%~60%的"命中率"算好的。要想获得好的绩效，你只需要少数几次大赢，并且能避开大输——尝试靠不常输而赢。

高风险才有高回报？在投机如山丘般古老的市场中，这似乎是至理名言。在波顿的眼中，只有低风险，才有高回报。

投资人的优秀与否就看他对风险的把握。

投资风险越低，犯的错误越少，越说明你是好的投资人。波顿在进行风险分析时，只要根据资产负债表的情况，在股票投资中降低风险就可以了。

"研究可以从公司的资产负债表开始，从资产负债表可以发现公司的优、劣势。我的经历告诉我，大部分巨额的投资亏损，都是忽视不健全资产负债表的结果。（备注：这是波顿在90年代初最大的教训，代价是长时间的业绩不理想、金钱的损失）良好的资产负债表，包括可控的负债及资金充裕的退休金计划，都是公司轻松渡过难关的保证，而拥有繁重债务的公司在遭遇难关时则没有那么走运。同时，无论是在繁荣时期还是在困境时期，稳健的资产负债表亦可轻易为公司的增长及经营提供融资，而无须再向股东筹资。"

波顿认为，在任何一个国家和经济实体，投资者都会面临同样的问题：公司中有不好的资产。解决的办法是：干脆卖掉。对于投资者来说，投资就有风险，有了风险只要把风险剥离即可。

在持有策略上，不同于很多投资者"买入并持有"的长期战略，一旦股票的价格已经充分反映其价值之后，波顿会立刻将其卖出，所以他每次的投资期限一般是18个月，而这样的做法也能很好地规避市场风险。

十一、波顿选股的技巧

波顿说："有一些基本理念可以让我们界定这家公司股票到底如何。对于单纯的某一只股票，有人看好，有人不看好，但无论如何看待，投资者都必须采取慎重态度。特别当大家都看好一只股票时，要尤为慎重。

因为如果对这家公司不进行评估，很难保证他今天优秀，明天也依然优秀，所以一定要把积极面和消极面因素都进行充分的考虑才行。"

"大型成熟公司（在业内占据主导地位并且为股票指数主要成分的公司）通常是大多数分析员关注的焦点，并且市场一般对其耳熟能详。虽然投资者可能仍然高估或低估其价值，但该类公司的过往历史及计划通常已广为人知。有时备受市场追捧的小型'热门'公司可能并不广为人知，但投资者的狂热通常已推动其股价飙升。在上述情况下，很难找到新信息令投资者相信，股价尚未充分反映该公司的实力。"

"在发掘可投资而未获承认的公司方面，我愿意比其他投资者看得更远。在过去25年多的时间里，我的投资组合纳入大量小公司、不属于主要市场指数的公司及外国公司。在大型行业领袖及著名公司以外，我发现了众多理想的公司——资产负债表稳健、管理良好及盈利不断增长，此后，这些公司变得被市场考虑及追捧。因此，我三年前在中国开始了第一笔投资。"

"我的投资方法的重点，是发掘其优点仍未获得大部分投资者认同的公司。当然，发掘这些公司的大量研究工作是艰巨的，幸而在我背后的富达（Fidelity）拥有遍及全球的大型研究团队。我们成功地找到了这些公司，并且获得了丰厚的回报：在我表现最好的投资里面，部分资金便投向其他专业投资经理很少听闻的公司。我认为，投资者应始终致力于发掘鲜为人知及极少被提及的公司。若这些公司的经营良好、结构理想及估值偏低，它们将会成为盈利最为丰厚的投资。"

波顿认为，在评估一只股票时，必须考虑六方面的因素：

第一，公司的商业特权。

波顿说，了解一家企业是至关重要的，尤其要了解它的盈利方式和竞争能力。他认为，拥有特权的企业比那些没有特权的企业更容易赚钱，而一个公司的生存能力也很重要。

关注公司的动态，主要是指公司核心竞争优势的稳定性。波顿说，他曾经有过一次失败的投资案例。一家英国的化学产品公司，我们投资后发现这家公司在汇率稳定的情况下，非常具有竞争优势，可以和德国及其他一些欧洲公司有很好的竞争实力。但是，当汇率发生变化时，它的竞争优势就变得不那么强了。波顿可以得出结论，这家公司是一个受外部影响比较大的公司，这样的公司不适合投资。

他认为，识别影响一家企业业绩的关键变量，尤其是那些无法控制的货币、利息率和税率变化等因素，对于理解一只股票的成长动力是至关重要的。如果一家企业非常复杂，则很难看出它是否拥有可持续发展的特许经营权。赞同沃伦·巴菲特的看法，即宁愿投资于一家由普通的管理层经营的优秀企业，也不投资于由明星经理经营的不良企业。

当波顿评价一家公司时，首先了解这家公司所处的行业如何，生意能否持续？他会调查企业在各个方面的竞争优势。例如，市场地位、商标、产品、雇员、销售渠道，以及市场变化导致的市场定位等方面的问题。想想十年后这家公司是否会更有价值。

第二，管理层的状况。

波顿说，管理实际上是非常重要的，如果我们只看管理层的某一个人的情况肯定不行，要从历史严格看管理层的情况，每个季度或者年度都要关注管理层的具体情况。我们最关注的是企业的首席执行官，如果他做得很好，可以解决很多问题。例如是否有长远的发展目标，是否使企业具有很强的竞争力，他是如何对待产品的定价和制定公司发展战略。

波顿认为，在现代企业所有者和经营者分开的制度下，企业经营者的道德素质对企业经营状况的好坏有决定性影响。管理层是否会买入公司股权就是显示管理层工作状况的一个很好的信号。如果可能的话，与公司管理层正面接触对掌握公司状况将会更有帮助。波顿建议是：投资那些你信任的管理层所管理的公司。

第三，财务状况。

（1）核心财务比率。波顿认为，核心财务比率也是决定某个商业模式是否有吸引力的关键。例如，评价银行时，账面价值和投资回报率就很重要。最近，富达基金的一个竞争对手就评论说人寿保险公司不是一个好行业，其资金管理费率太高（据说是2%），除非采用高风险投资，否则很难创造长期价值。

（2）现金流。波顿追求的另一个重要特征，就是这个企业能否在一个中期经营中产生现金流。他认为，产生现金的企业会优于那些消耗现金的企业。正因为如此，他在投资组合中对服务型企业和生产型企业给予了不同配置。那些不需要大量资本就能够发展起来的企业对他特别有吸引力。估值时，现金回报率是评价一家公司吸引力的最终尺度。如果要在现金流和成长率之间做出选择，波顿更倾向于现金流，这就像大多数私募股权投资者所做的那样。从长期来看，企业的复合回报率很少能达到10%——均值回归是资本主义的不变法则。对大多数公司来说，用于评价它们绩效的财务统计指标，如销售增长率、利润率和资本回报率，都会随着时间推移而回归平均水平。作为严肃的投资者，必须花更大的精力在企业的现金流模式上。

第四，估值。

波顿说："研究估值的时候，我们要从不同的角度、不同的方面来估值，不能只看其中的一点。所以在考察市盈率的同时，我也会关注企业价值倍数，其他还包括自由现金流比率和资产现金流的回报率。"

波顿青睐那些尽可能长的估值指标，如市盈率、市净率、市销率，以及企业价值/息税前收益。因此，他在估值时，主要关注这些指标：

（1）市盈率。

（2）企业倍数法。

（3）自由现金流比率。

（4）现金流收益 VS 资产。

第五，被兼并收购的可能性。

波顿认为，公司在并购方面的前景以及市场的追捧度，也是投资一家公司所需关注的要素。这个行业里是否处于一个并购者关注或金融投资者如 PE 看好的行业。

（1）产业合并程度。

（2）对竞争对手或金融买家的吸引力。

（3）股东背景。

第六，技术分析上的上涨动力。

几乎所有的价值投资大师，都对技术分析强烈地排斥。波顿也是一位价值投资大师，然而，他却一直在使用技术分析。也许，这可能是唯一一个使用技术分析的价值投资大师吧！

他为什么会使用技术分析呢？波顿的解释是：

"分析技术面，选择在一个有利的技术时机买入更有利于获得大的收益。"

"当我根据基本面分析决定投资个股时，我会把技术分析作为辅助措施。"

波顿常常运用技术分析来帮他判断买卖的时机以及加仓和减仓时点。波顿认为，市场当时所有基本面分析师的观点都隐含在技术走势上，有时候这个是未来有问题的警示信号。这个世界上每个专业基金经理买的股票中至少有 40%后来走势没有事先想象的那么好，这个时候技术分析就派上用场。波顿常常利用技术图表作为筛选工具，例如，在选择困境反转型公司时，技术分析对指示趋势的改变便很管用。波顿的建议是，找到一种适合自己的技术分析方法，然后一直用下去。

波顿以价值研究选股，结合技术分析对其股价趋势进行判断，例如，其持有一家电视台的股票多年，而且这家公司的估值仍然处于合理状态，但富达公司的内部分析都不看好这家公司，为此波顿通过技术分析发现它已经处于需求的顶部，有明显的下跌趋势，随后通过做空这只股票来规避下跌的风险，从而保证了原有的收益不会归还市场。

总而言之，"他能做的就是，让这些失误成为小概率事件"。波顿的同事亚力克斯·钱伯斯这么评价他，"他具有挑选大量成功的股票而避免灾难性股票的能力，实际上这是他作为一名投资者最大的强项"。

第七章　安德烈·科斯托兰尼
抄底的秘诀

人物简介

安德烈·科斯托兰尼（Andre Kostolany），是一位蜚声世界的大投机家，是一位活到 93 岁的犹太人，是德国证券界的教父，是德国最负盛名的投资大师，在德国投资界的地位有如美国股神沃伦·巴菲特。

1906 年出生在匈牙利布达佩斯。早年学习哲学和艺术史，后父亲送他到巴黎学投资。他的投机生涯自十几岁接触股票后开始，科斯托兰尼就深深地为投机的刺激和风险所着迷，有将近八十年的时间他都是在与各样的股票、债券、货币、期货等商品打交道，而且乐此不疲，他也一直以投机者自居，且深以为傲。1929 年的经济大萧条，科斯托兰尼获利不浅。第二次世界大战之后，他大量投资于德国重建，稍后的经济复苏令他拥有大量财富。虽然他在 35 岁就赚得了足以养老的金钱，不过这不代表他的投资都是一帆风顺的，相反的还曾经破产过两次，他在自著中也承认本身在一百次投机当中只要有 51 次成功就算侥幸了，但也因为有了许多经验使得他拥有敏锐的观察力和过人的判断力并不断累积财富，更使曾在第二次世界大战中失去所有家当的双亲，在瑞士安享晚年。他被称为 "20 世纪的股票见证人" 和 "21 世纪金融史上最成功的投资者之一"。他的成功，被视为欧洲股市的一大奇迹，他的理论，被视为权威的象征。德国的投资人、专家及媒体记者，经常以他对股市的意见为依据，决定自己的行动方向，或发表分析文章。科斯托兰尼代表作：《这就是证券市场》《证券心理学》《一个投机者的告白》。（这是他投资智慧精华，除了有他对各个投资、投机市场的拨云见日的透彻剖析，还有他一生经典的投资案例。）

赚钱的秘诀：在于相信自己，逆市操作。

投资策略及理论：以"科斯托兰尼鸡蛋"表达的暴涨暴跌理论为基础，在市场转折前夕进出，逆向操作，忍受市场最后的下跌，远离市场最后的辉煌。看重的是市场趋势。

操作风格：中长期波段。

对投资工具的看法：科斯托兰尼认为投机不等于赌博，因为在他的概念中的投机是有想法、有计划的行为。

抄底名言：只有少数人能投机成功，关键在于与众不同，并相信自己：我知道，其他人都是傻瓜。

一、科斯托兰尼抄底战役

科斯托兰尼赚大钱的秘诀在于逆向操作。他说："当股市很热时要克制自己的冲动而悄悄地退出市场，而当股市很冷时要鼓励自己大胆进入市场。"

他认为，当股市热到了几乎所有投机者都来到了股市时，银行改办成了咖啡馆，或者说银行数量比咖啡馆还要多，并且在股市中笨蛋（指投资者）比股票多得多（这是一句比喻）。这时交易者应该克制自己的交易情绪，慢慢从股市里退出来，然后欣赏股市是如何崩盘的。相反，当股市中的股票数量远远超过了笨蛋数量时，或者华尔街的黄金小子（指机构交易者或者机构操盘手）已经改行当了商品推销员时，我们才可以考虑大胆进场买入股票了。

他的具体做法：根据"科斯托兰尼鸡蛋"理论逆向操作，在下跌的过热阶段买进，即使价格继续下挫，也不必害怕，在上涨的修正阶段继续买进，在上涨的相随阶段，只观察，被动随行情波动，到了上涨的过热阶段，投资者普遍亢奋时，退出市场。

科斯托兰尼有如下抄底经典战役：

（1）他 23 岁遇上美国经济大恐慌，他抛空股市，赚进第一桶金，为 1929 年。

（2）60 年前濒于破产的意大利法西尼汽车公司，让他赚了 20 倍；30 年前提出破产保护的美国克莱斯勒汽车，让他赚了 50 倍，而这两家公司目前都已经因为合并从地球上消失了。这两个例子的报酬率很高，而且完全不合教科书所传授的规范，最适合用来描写科斯托兰尼式投资学的典范。

（3）20 世纪 80 年代买了沙皇时期的旧债券，盈利 6000%。

1989 年，苏联共产党总书记戈尔巴乔夫与美国总统里根举行数次高峰会之后，两国关系逐渐缓和。历经 40 年的冷战，是否有融解之日？这是大多数人的疑问，然而，科斯托兰尼却已经瞄准了目标。他的预感告诉他，戈尔巴乔夫为挽救国家濒临破产的危机，将会向西方国家发行债券。

他相信西方国家为了表示友好，也为了国家安全一定会接受。可是他们亦可能要求苏联先偿还俄国沙皇时代的债务为先决条件。

此等债券是沙皇时代于 1822 年至 1910 年发行的，却因俄国大革命，列宁领导的共产党成立苏联而不被承认。因此原本价值 100 法郎的债券一夜之间下跌到只有 1 法郎，并且成交量萎靡不振。很多人早已把它扔进垃圾堆。

假如科斯托兰尼的预感是正确的话，这几十年，甚至 100 年前的债券价格必将会大幅攀升。如果出手投资，将获利甚丰；相反，就会损失严重。

当时，他认为戈尔巴乔夫会接受条件，由于俄罗斯的天然资源丰富，有足够的石油、天然气、钻石和黄金蕴藏量，以发行债券。

他开始行动了。他不断购买旧沙皇时代的债券，以低至 0.25%~1%的价格购买。

1991 年，戈尔巴乔夫与法国总统密特朗会面，正式承认这些旧债务。从此，旧沙皇时代的债券交易频繁，价格回升到大约 12%。即是以 12 法郎买入票面值 100 法郎的债券。

不到两年时间，科斯托兰尼的投资已经有 12 倍回报（他在 1%左右买入），然而他没有行动，而是一直等待。即使苏联于 1991 年解体，政局混乱，他仍按兵不动。

1996 年，俄罗斯（苏联共产党政权解体之后，成立了新国家）期望发行 20 亿美元的债券，然而法国政府要求俄罗斯要先解决那些旧沙皇时代的债券，才愿意借钱给俄罗斯。

结果是俄罗斯同意以 20 亿美元赔偿旧沙皇时代债券持有者。以票面值计，是旧沙皇时代债券 60%，这意味着科斯托兰尼的投资回报为 60 倍，五年升值 60 倍。

由于安德烈·科斯托兰尼敏锐的观察力和过人的判断力，使他得以从多次的投机交易中累积财富。

科斯托兰尼认为，全世界共有十万多家上市公司，分布在全球各个国家。大家可以针对某个行业的繁荣和衰退，某个竞争对手战胜另一个竞争对手，某个国家的法律变更、大选、社会发展趋势、未来时装的发展趋势，还有新技术的发展进行投机。有的公司在白天找运气，有的公司则在全球碰运气。

二、科斯托兰尼抄底理论

科斯托兰尼运用"科斯托兰尼鸡蛋"理论进行抄底。他认为：股市的涨跌，是一个循环的过程，涨过头或跌过头后都会逐步得到校正。没有不以崩溃收场的繁荣，也没有不先出现繁荣的崩溃。要想评价一个市场是过度购买还是过度销售，首先必须理解股市上下运动的规律。股市的任何一次牛市和熊市都由三部分组成——校正时期、伴随时期、过渡时期。市场循环过程，可用以下椭圆鸡蛋形解说，如图7-1所示。

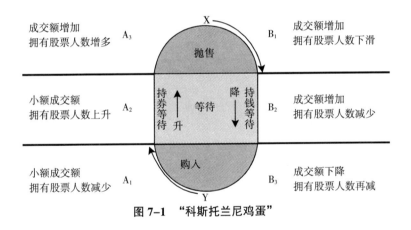

图7-1　"科斯托兰尼鸡蛋"

A_1 = 校正时期：小额成交额，拥有股票的人数减少。

A_2 = 伴随时期：小额成交额，拥有股票的人数上升。

A_3 = 过渡时期：成交额增加，拥有股票人数增多，拥有股票人数在 X 处达到最多。

B_1 = 校正时期：成交额增加，拥有股票的人数慢慢下降。

B_2 = 伴随时期：成交额剧增，拥有股票的人数大幅减少。

B_3＝过渡时期：成交额下降，拥有股票人数减少，成交额在 Y 处达到最低。

具体做法：在 $B_3 \rightarrow A_1$ 时期购入；在 $A \rightarrow X$ 时期等待，拥有证券；在 $X \rightarrow B_1$ 时期抛售；在 $B_1 \rightarrow B_3$ 时期持钱等待。

做一个假设：聪明的交易者——成功利用股票价格周期进行交易的投资者。市场交易者——顺从市场心理进行交易的投资者。

在 A_2 时期：市场心理比较敏感，部分市场交易者开始进入股市。股市的成交量开始轻微地上升。但如果有负面的消息，股票的价格仍将下跌。

在 $A_3 \rightarrow X$ 时期：市场交易者开始大量进入股市，各种股票的价格开始快速上涨并开始纷纷创下新高，部分市场交易者甚至借入资金进入股市。在 X 点的时候，市场人气开始达到顶点。

在 $X \rightarrow B_1$ 时期：股票价格仍然在持续上涨，但已经没有新的资金进入股市，资金面因素开始趋于消极，市场人气仍然高涨，聪明的交易者已经开始卖出股票。

在 $B_1 \rightarrow B_2$ 时期：聪明的交易者已经退出市场，股票价格在创下新高后终于停止上涨以致下跌，部分市场交易者开始卖出股票，市场心理开始变得非常敏感。

在 $B_2 \rightarrow B_3$ 时期：股票价格下跌幅度超过了市场交易者的心理承受能力，他们开始大量抛售股票，成交量剧增，市场心理急剧恶化。

在 $B_3 \rightarrow A_1$ 时期：大部分市场交易者已经退出市场，成交额创下新低，市场心理进一步恶化并在 Y 点附近处达到最低点。聪明的交易者大量低价购入股票，以致股票迅速向聪明的交易者手中集中。在聪明的交易者大量囤积股票后，市场交易者已退出市场，资金面已经开始趋向积极。此时，负面消息已不能再继续推动股票价格的下跌了。

科斯托兰尼认为，行情下跌有其特点，就是它会很快到来；而行情上涨始终沿着恐惧的高墙慢慢向上攀爬，但是只有最富经验的交易者才可能事先预感到行情下跌的前兆。看涨投机拥有更多的机会。

科斯托兰尼鸡蛋则是股市循环的模型，科斯托兰尼把股市中分为两种人：一种是固执的买家，像以巴菲特为首的投资者；其他人被他叫作随波逐流的玩家，经常是初入股市的散户新手，或者只知道追逐一日行情的短线炒作者。

在科斯托兰尼的模型中，只关注两个数量，一是成交量，二是持有股票者的人数和种类，因为第一类的固执买家（大投资家和大投机家）在市场上极少见，大部分人都是第二类的证券玩家，因此当股票下挫时，大部分玩家都会卖出股票，只有少数的固执买家会买进股票，此时成交量还很大，由于玩家还有股票可卖，因此，当卖家都卖完退场后，成交量就会开始萎缩，股票持有人数也在最低点，由于股票都在固执的买家手中，此时便会量缩不跌，开始发生反转，只要市场一有好消息，固执买家不会低价卖出持股，玩家想要买入，价格就一定会上涨，一旦稍有上涨就会带动更多玩家型买家的加入，这时股价会不断往上走，成交量开始放大，由于已有部分先进场的玩家会开始忙碌地每日卖出和买入，带领更多玩家追逐，终于到超过该股票的价值许多，玩家也都拥有许多股票的时候，这时候成交量在最高点，持有股票总人数也在最高点，逐渐地由于没有新玩家可以加入（由于大家都已经加入），成交量开始萎缩，这时如果聪明的大投机家带头卖出股票，则疯狂的玩家将追逐着任何可得的坏消息，一个接一个地抛出股票，因为还没跌到投资家与投机家要买的价位，并且每个玩家都疯狂想要逃出，这时候的股价崩跌就不可避免了，股价崩跌时成交量也会开始增加，股票持有人数也会开始下降，一直下跌，下跌到玩家都被洗出场，下跌到下一次的循环再次开始。

科斯托兰尼认为，为了正确判断市场是过度买入，还是过度卖出，大家首先应该了解上涨和下跌的内在结构，因此这两者应该同时观察。

三、科斯托兰尼判断市场的技巧

科斯托兰尼认为，暴涨和崩盘是分不开的搭档，崩盘通常以暴涨为前导，而暴涨都以崩盘收尾，一再重复。

1982 年至 1987 年的证券市场走向，是很典型的轮回过程，其实不论是股票、债券、原料、外汇，还是房地产市场，都遵循着同样的模式，包括过热阶段在内的涨跌，都是人类心理的反映，一种介于恐慌和自负间的舞蹈。暴涨和崩盘是一对分不开的搭档，在经济景气下，暴涨的行情渐渐被吹胀，最后不幸变成一个气球，用一根针刺一下就能戳破。这是个永恒的法则：每次证券市场中的崩盘和溃散都以暴涨为前导，而每一次的暴涨都以崩盘收尾。

证券市场四百年来的历史便是一连串由暴涨和灾难所交织成的，其中大多数早被人遗忘，但有些事件改变了整个世界，被加载史册中。

在证券交易的轮回过程中，投资者要怎么做才能成功？在描述了暴涨和随之而来的崩盘后，回答这个问题并不难。显然，你必须是位固执的投资者，而且必须逆向操作。

在第三阶段，也就是在行情下跌的过热阶段，你应该买进，即使价格继续下跌，也不必害怕。因为，就像老投机家在布达佩斯粮食交易所说的："小麦跌时，没有买小麦的人，小麦涨时，没有小麦。"在上涨中的第一阶段，你应该继续买进，因为这时已经越过了最低点。在第二阶段，你应该只做观众，被动地随着行情波动，在精神上做好准备，在第三阶段，即普遍亢奋时退出市场。

全部的技巧，就在于判断市场是处在哪个阶段。经验丰富的投资者凭着敏锐的观察力，可以感觉到市场处在哪个阶段，虽然他并不能每次都用言语表达出来。但正如没有完美无缺的投机一样，并没有这方面的教科书，也不存在大家可以盲目利用的方法。因为假如真是这么简单，那么每个人都可以在证券交易所里讨生活了。只有凭借着长期积累的经验，才能让人具备敏锐的观察力。即使最狡猾的投机人士也会出错，有时为了积累辨别超买或超卖的征兆、提示和某些信号所需的经验，他甚至必须出错。

例如，在出现不利消息时，市场并没有下跌，就是市场出现超卖，行情已接近最低点的征兆。这时股票已掌握在固执的投资者手中，他们对不利消息不感兴趣。他们有自己的想法，相信会出现更好的时机，他们手中的股票都已付清，便有耐心等待更有利的消息。

相反地，市场对有利消息不再有反应，就是超买和行情暂时处在最高点的信号。在这种情况下，犹豫的投资者手里抓满股票，尽管有利多消息，他们也无法买进股票。固执的投资者虽然有现金，但在这样的行情下却不想买进。

成交量提供了另一个信息。如果行情下跌时，某一段时间里成交量很大，这表示有大量股票从犹豫的投资者手里，转移到固执的投资者手里。甚至可能发展成犹豫的投资者卖光了所有股票，这时股票正躺在固执的投资者的保险柜里。直到后来，指数上涨时，这些股票才会从保险柜里露出来。

也就是说，如果成交量增加，行情仍然继续下跌时，就是已经接近下一次上涨起点的信号。但多数情况下，指数此时处在不合理的低点，这种局面应归咎于大众的歇斯底里和股票持有人的普遍抛售。这是行情过度下跌中的第三个阶段，在这个阶段，犹豫的投资者把所有的股票卖掉，甚至包括原来留下来最好的、最抗跌的。

但当成交量小，且指数还继续下跌时，就表示市场前景堪忧。因为在这种情况下，股票还掌握在犹豫的投资者手里，他们还在等市场恢复元气，不过如果行情继续下跌，他们会突然恐惧起来，而把所有股票低价卖掉。

科斯托兰尼不同意一般所谓成交量小时，行情下滑并不重要的看法。赞成这种观点的人会说，大众在这种情况下并没有抛售股票。但是这没有说明任何问题，重要的是，股票还掌握在犹豫的投资者手里，他们今天没有卖掉股票，并不表示他们不会在明天、一个星期后，或一个月后，把所有的股票卖掉。

相反地，当成交量越来越大，股票还不断看涨时，也是前景堪忧。因为成交量越大，表示股市越容易受伤，因为这时证券市场刚好进入上涨的第三阶段。

科斯托兰尼也反对大家对成交量大时，即有利于指数上涨的看法。大家认为，大众在这种情况下购买股票，是好现象。确实如此，但这只是就他们购买股票的这一天而言的。科斯托兰尼的意思是，那些犹豫的投资者买股票，真的是好现象吗？他们下个星期也会买股票吗？难道这些股票不会在下个月重新出现市场？犹豫的投资者不具有立刻把股票脱手的危险吗？

反之，当成交量小时，如果指数看涨，这种情形就非常有利，虽然交易者会声称这种市场状况无足轻重。当然，因为经纪人只对大笔佣金感兴趣，所以他们认为成交量小的股票市场没有意义。然而，事实是股票还一直掌握在固执的投资者手里，并没有转移到犹豫的投资者手中，所以指数肯定还会继续看涨，也会吸引犹豫的投资者，而固执的投资者就等着把股票卖给犹豫的投资者。

科斯托兰尼是这样判断市场处在哪个阶段：

（1）遇空不跌是超卖，遇多不涨是超买。——在出现不利消息时，市场并没有下跌，就是市场出现超卖，行情已接近最低点的征兆。相反地，市场对有利消息不再有反应，就是超买和行情暂时处在最高点的信号。

（2）不断放量下跌，底部不远。——如果行情下跌时，某一段时间里成交量很大，这表示有大量股票从犹豫的投资者手里，转移到固执的投资者手里。也就是说，如果成交量增加，行情仍然继续下跌时，就是已经接近下一次上涨起点的信号。

（3）缩量下跌，前景堪忧。不断放量上涨，也是前景堪忧。——当成交量小，且指数还继续下跌时，就表示市场前景堪忧。相反地，当成交量越来越大，股票还不断看涨时，也是前景堪忧。

（4）缩量上涨，情形非常有利。——当成交量小时，如果指数看涨，这种情形就非常有利。

四、一切取决于供给和需求

科斯托兰尼曾讲过一个故事：一个人在街上散步，旁边是他的狗，狗总是这样，它跑到前面，但一会儿折返回到主人身边，然后，它又跑到后面，看到自己跑得太远，就又跑了回来。一直是这样。最后，他们两个到达同一个目的地。主人慢悠悠地走了一公里时，狗却来回跑了四公里！

这个人就是经济，而狗就是股市。1930 年至 1933 年的经济大萧条结束后，美国的经济发展就像这个例子，经济持续成长，其中也有一两次的停滞，而证券市场却涨涨跌跌有上百次之多。

科斯托兰尼认为，长远来看，经济和证券市场发展的方向相同，但在过程中，却有可能选择完全相反的方向。指数有什么道理？

科斯托兰尼说："每一天，证券评论员都费尽心思解释当天指数的变化，然而影响指数上扬或下跌的因素却难以胜数。证券市场像漂亮的女人或天气一样任性，擅长利用各种光怪陆离的魔术吸引猎物，大家对其不抱希望时，证券市场也一样冷淡对待。我建议大家应该冷静，不要在意证券市场喜怒无常的脾气，尤其不要为此寻找合乎逻辑的解释。"

"评论员可能局限于三个因素，因为供过于求，证券交易走势疲软；或因为需求大于供给，证券交易行情坚挺，或因为供需平衡，证券交易没有变化。"

科斯托兰尼认为，从短期至中期来看，绝对不是好的股票一定看涨，不好的股票肯定下跌，情况可能完全相反。一家企业也许获利丰厚，可以支付红利，还有良好的发展前景，但只有需求大于供给时，才会在证券市场中看涨，这是证券交易逻辑的唯一条件。

科斯托兰尼一直记住这条准则，一切取决于供给和需求。他全部的证券交易理论都以此为基础。

他指出，这个事实每位证券交易人士都须铭记在心，否则就不会明白，为什么有时指数会出现完全不合逻辑的波动。分析发展趋势时，应对各种影响因素进行评估，并要能看出未来的供需情况。

五、抄底时必须了解投资大众的投资心理

科斯托兰尼说："影响股价（特别是短期走势）起伏的原因，主要并非受经济发展的影响，而是受制于投资者对消息的反应及心理因素。好消息未必一定令股价上升，大众对消息的反应才是影响股价的主要因素。"

他认为心理造就90%行情。

科斯托兰尼说："货币对证券市场而言，就像氧气之于呼吸，或汽油之于引擎一样重要，没有货币，即使未来形势大好，世界充满和平，经济一片繁荣，行情也不会上涨，如果没有剩余的钱，就没人买股票，我们可以说，货币是股票市场的灵丹妙药。"

但是单靠货币，股票市场也不会起变化，还要加上另一个心理因素。如果投资大众的心理是负的，即没有人想买股票，市场也不会涨。只有

在货币和心理都呈正面时，股票指数才会上扬。两个因素都是负面时，指数就会下跌。

如果一个因素呈正面，另一个因素呈负面，发展趋势就会持平，也就是说，证券市场的行情平淡、无趣，不会出现大幅波动。科斯托兰尼的公式由此得出：货币＋心理＝发展趋势，同时也成为科斯托兰尼的信念。

如果某个因素略占上风，便会通过略为上涨或下跌的指数呈现出来，这要看哪个因素更强。只有当一个因素发生逆转，使两个因素同时变成正面或负面时，才会出现行情大涨或大跌。

结论是，如果大小投资者愿意，且有能力买股票，指数就会上涨。他们愿意购买股票，是因为他们对金融及经济形势持乐观看法；他们购买股票，是因为口袋里有足够的资金。这就是行情上涨的全部秘密，即使是经济呈现不利的态势，都适用。同样的机制也会起反作用。当一般大众非常悲观，负面评价未来，而且缺少现金，一方面，因为大众可以将钱投资到其他地方，例如房地产、储蓄或债券，赚取更高的利率；另一方面，也因为贷款取得更加困难。如果缺少想象力和货币，指数就会跌到谷底。

科斯托兰尼认为，对中期证券市场，货币比想象力更具决定性作用。如果货币因素是正面的，那么到了一定时候，心理因素也会变成正面的。

如果有很多剩余资金留在金融机构内流通，据科斯托兰尼的经验，这些流动资金的一部分最晚在 9~12 个月之后，便会进入证券交易市场，虽然此时大多数的投资者对股票仍持负面态度。在此阶段，第一批的买进交易遇到的是完全净空的市场，这时指数开始上涨。上涨的指数使大众对股票产生兴趣，于是继续出现买进交易，吸引新的买主，如此循环不已。

股市评论家和分析家总能为行情上涨找到原因，因为经济面从来便不是全黑或全白的。如果无法说明当前的经济现状，必定会用未来的正面发展来解释上涨趋势。接着，正面的评价逐渐改变大众的态度，货币不断流向股票市场，使行情继续看涨。

如果货币因素是负面的，大众的心理状态在 9~12 个月之后也会转成负面状态，即使经济第一线的消息仍相当正面，如果没有新的资金，行情还是无法上涨。如果大家期待的指数上扬没有出现，第一批人就会失望地退出股票市场。第一批卖出交易把指数压低，引发进一步的股票出售，如此循环下去。这时评论家仍然可以找到负面消息，当成指数下探的理由，这时，整个气氛已经改变了。对于中期的证券市场发展，货币至关重要。因此，投机人士必须密切注意影响货币的各种因素。

科斯托兰尼认为投资不是科学，所以用心理学来描绘这个市场。他指出，了解投资大众的恐慌以及预期心理，比看券商的研究报告或做任何理性分析要有用许多。他发展出一个"科斯托兰尼鸡蛋"的图形，把整个循环分成上涨、下跌两个过程，而每个过程各有：修正、相随与过热三个阶段。上涨到过热，就会进入下跌的修正，应该要卖出股票；反之，跌到过热的阶段，又回到上涨过程的修正阶段，该是摘取如珠玉的时候。

科斯托兰尼所谓的过热阶段，也是他整个人生体验的精华。当市场过热时，市场心理趋于疯狂、容不下异见；包括发布总体经济指针的政府官员、媒体报道，都旗帜鲜明地提出相同看法，所以称为过热。这种状况正是反市场操作的最佳时机，但也是最需要勇气的时候；因为基本分析、统计指标、专家意见都站在对面，唯一能给你支持的，就是对市场大众心理的了解。

六、科斯托兰尼选股的思路

科斯托兰尼认为，在指数上涨过程中，即使是最差的投机人士也能赚到一些钱；而在指数下跌过程中，即使挑到好股票的人也赚不到钱。因此投资最重要的是普遍的趋势，其次才是选股。

指数有什么道理，这里一切取决于一件事，就看是傻瓜比股票多，还是股票比傻瓜多。

如果股票持有者迫于心理或物质上的压力，被迫出售股票，而资金所有者虽然想买，却没有购买压力，行情就会下跌。反之，如果资金所有者迫切寻找股票，而股票持有者并没有物质或心理上的压力，要出售股票，行情就会上涨。

科斯托兰尼说，大家不应该跟在金钱后面跑，而是要面对金钱，这尤其适用于证券市场，大家不应该跟在上涨的股价指数后面跑，而是要面对下跌的股价指数。

投机人士必须比一般大众提前发现成长型企业，只有这样，才有机会在合理的价格时进场。

那么，科斯托兰尼如何选股？

（1）先看行情再选股。

科斯托兰尼认为，首先要考虑普遍行情，然后才是选择股票。只有那些投资股票 20 年以上的人才可以不考虑普遍的行情。如果行情看涨，即使是最差的股民也能赚到一些钱；但如果行情看跌，甚至是最棒的人也不能获利。

（2）选择成长型行业。

科斯托兰尼认为，如果普遍行情很积极，那么股票投机者必须挑选增长潜力大的股票。如果普遍的趋势是下滑，增长型行业能够保持原先的水平，这一行业中最好的企业的股票或许还能上涨。如果股市在某个时间好转并且资金充裕，那么这些增长股就会以火箭般的速度被推至一个峰值。但要小心，如果公众已经选出了增长型的行业，那么股价总是特别高，而该股票以后几年，甚至几十年内的增长都已经被认识了。新的行业以"之"字形发展。它们一会儿飞速向前，一会儿又后退，然后又第二次增长，第二次后退，但从不会回到它们的初始状态。

在这方面的选择是早一些时间认识到成长型企业，只有这样，才有机会在合理的价格时进场。

（3）连升连降理论和 W、M 规则。

科斯托兰尼认为有两个图表规则是非常有趣的，即连升连降理论和 W、M 规则。他认为连升连降理论和 W、M 规则是投机商凭经验能看出的征兆中最有意义的。

科斯托兰尼说，"连升"的意思是，在行情上升时，上一个最高点会被接下来的一个最高点超过。如果这种现象重复几次出现，股市可能还会继续向上攀升。如果图像几次出现 M 形，那么就意味着出现了一个天花板，也就是一个冲破不了的制高点。因为显然有更多人想卖出股票。只要这一龙头不被拧紧，行情就不会再升。让我们假设有人继承了100000 股股票，并想卖掉。他委托经纪人在每股 90 元时卖出，于是每当这只股票的价格接近 90 时，就会有大量股票涌向市场，股市会重新下跌。只有当这批"继承来的股票"全部卖出后，行情才会重新上升。

这一理论同样适用于下跌的情况，即一个最低点比前一个最低点还低。这意味着继续下跌的行情。W 形的图表表明行情在下跌到达了难以冲破的某一点。此后也许会有一个大财团想买入股票，也可能是一个辛迪加或大银行想人为地维持一个企业的股票行情。在交易所的行话里，人们把这称为"股市保护"。

但是，科斯托兰尼认为不能光根据图表行情进行交易，他认为，从长期来看图表分析只有一个规则：人们能赢，但肯定会输。

科斯托兰尼说，看图表是一门徒劳地寻求使之成为科学的东西的科学。如果被不同的图表所误导，如"头肩形""三角形""茶托形"，诸如此类的形状，那就意味着赔钱。他说："在我的实践中，我认识的许多交易所的投机手，他们根据图表发展的趋势进行交易，他们没有一个成功，相反，很多人不久便退出交易所。"

技术图表作为早期股票走势分析工具曾经起过一定的作用，但其有很大的缺陷和局限性，现在仍把它作为唯一的至高无上的分析工具使用肯定是不对的。现代股市分析方法正在从过去的纯技术分析、纯基本分析，向系统分析和模型分析的方向发展，我们要跟上时代的步伐。

七、寻找社会大动荡中的大机会

科斯托兰尼说，当同事、朋友、媒体和专家都建议卖掉股票时，采取和这些看法相反的做法，是非常困难的事，尤其对没有经验的投资者而言，更难。连那些懂得这个理论，并想遵守的人，也在大众心理压力下，在最后一刻改变自己的看法，说服自己："虽然从理论上讲，我现在必须进场，但这次形势不一样。"直到后来形势明朗，即使是这一次，逆向的处理方法仍是最好的方法。大家必须训练有素、冷静，有时甚至必须玩世不恭，不理会大众的歇斯底里，这是成功的前提条件。因此在证券交易所，只有少数人能投机成功，所以投资者必须勇敢、全力以赴、明智，甚至表现得自负些。勇敢对自己说："我知道，其他人都是傻瓜。"

他认为，即使投资者能做到不理会大众的不安情绪，在指数过度下跌时买进股票，然而这才是考验的开始。之后，他还必须有强悍的神经，坚持保留股票，即使行情继续下跌。而这也就存在因损失严重，而精疲力竭、失去理智的巨大风险。

即使克服了这种障碍，市场开始上涨，投机者还要面对回跌的情形，在指数持续上涨过程中，行情回跌总是一再重复出现。如果不明白这种发展过程，就必须重新评估情势。如果诊断表示只是暂时性的干扰，就要立场坚定，不气馁。

下面是科斯托兰尼的一个经典案例：

第二次世界大战爆发前，几个投资者认为，大家应该在价格便宜时候买进，如果没有战争，大家就会经历一场急速行情的上涨，如果战争爆发了，那一切也已无所谓了，世界末日就在眼前，到时候大家有钱还是没钱，无关紧要了，有些人说得理智，做得愚蠢，还有些人说得愚蠢，做得理智，战争爆发了，但证券交易所没有关闭，甚至期货交易也继续进行，没有延期偿付，甚至也没有实行外汇管制，1939年9月6日，科斯托兰尼把最后一笔卖空投机的利润取出来，将之转到美国：这时形势逆转，所有人买进，还有像科斯托兰尼这样把所有卖空投机结清的人，都得到意想不到的好运，指数连续六个月全面上涨，直到法国军队完全溃败后，才出现下跌情形。

历史上，大投资家、投机家们总是在市场出现巨大分歧，特别是出现巨大恐慌的时候出手。巴菲特在金融危机中出手，科斯托兰尼在战争前做多，杰西·利佛莫尔则选择在市场最疯狂的时候放空。大投资家们总是孤傲地远离大众的喧嚣，远远看着市场的贪婪与恐惧。

逆向投资中，之所以认为当下是机会，主要是对未来有一个良好的预期。而当下，正是大众恐慌的时候。一般人并没有能力像战略家一样看到很多行业未来的复苏之路。一般人往往是跟随大众恐慌和贪婪，敢于做逆向投资的投资者，则往往倒在错误估计行业未来的复苏上面，他们很容易把"一蹶不振"当成"摔了一跤"。

伟大的投资者应该有两件投资利器：一件便是发现危中之机，寻找社会大动荡中的大机会，大到战争、金融危机；中到行业；小到企业遇到困难，他们总是善于发现这样的机会，抓住错杀中的好标的。逆向投资往往能够让投资人感觉与众不同，但投资大师们的另一投资利器更值得投资人学习：寻找革命性的行业机会，顺应大时代。从汽车、网络到当今的新能源，每一次工业革命，都伴随着大企业的崛起。那些伟大的投资者，正是在这种过程中产生的。

逆向投资不过是短期的逆群体思维，最终还是在追求顺应企业、行业的复兴。归根结底，逆向投资，也是一种顺势的哲学。

八、在逆转股中寻找真金

科斯托兰尼认为，进行投机，可以利用"转机股"发财。

他说："尤其是分析正处于亏损状态的公司时，这样的行情分析法更显得太过偏颇而不懂得变通。按照那群分析师的说法，投资人根本不该碰这些公司的股票，因为它们的本益比全部都是负数。但是，我投资过最赚钱的股票，却往往是这种公司的股票。当我买进股票的时候，这些公司都处于营运亏损的状态。可是，当这些公司的业绩重新回到获利阶段时，股票也会同时往上飙涨。"

因此科斯托兰尼经常把精力放在所谓的"逆转股"上，在追求多样性方面它的机会超过了整个市场。逆转股是指那些陷入危机出现亏损甚至不久就会破产的企业的股票，其股价在企业不好时相应跌入低谷，如果这些公司逆转并能重新盈利，它的股价会很快回升。曾经濒临破产的克莱斯勒股价从科斯托拉尼购入的3美元，暴涨到150美元就是一个活生生的例子！

克莱斯勒公司作为世界第三大汽车制造商，在20世纪70年代末几乎破产。科斯托兰尼以3美元一股的价格买了它的股票。经纪人建议他赶紧甩卖，因为这个公司不久肯定会破产。然而他想，将一只从50美元跌到3美元的股票赶紧甩卖，实在是荒唐。机会与风险不成比例。如果公司真的倒闭了，每股只能赔3美元；但如果公司被拯救了，他的收益将会是30美元甚至更多。结果他获得了成功。克莱斯勒的经理人以高超的技艺和新的模式改建了这个公司，它的股价从3美元向上猛增，之后保持在150美元的水平。30年前提出破产保护的美国克莱斯勒汽车，让科斯托兰尼赚了 50 倍。

转机股如已获市场认同，则涨幅惊人。但如已尘埃落定，则股价往往已在高档；如事先介入，则公司荣景是否持续？新计划是否成功？新经营者企图心如何？都远在未定之数，所以会有一定程度的风险存在。

通常，连续多年营运不善的公司，如果在本业上能持续 3 个月比去年同期成长 25%以上且逐步升高，便可以视为可能性极高的"转机"。

对于转机股而言，熊市末期反而是机会而非风险，利用市场挖坑过程中的泥沙俱下去寻找并守候转机股，往往是最具信服力的"逆向投资"。

"转机"代表着希望，绝处逢生、力挽狂澜。在 A 股中，有这么一类公司，业绩并不出众，或许入不了机构投资者的法眼，但却暗含着巨大的潜力，成为"黑马"的集中地。对于这类丑小鸭中有潜质成为白天鹅的公司，可以称为"转机股"，或许明天的白马就在其中产生。

转机股的选股理念与白马股不同，不要求业绩的持续高速增长，更看重的是一个加速度，即业绩环比的变动趋势。主要可分为如下几类：①去年年报业绩同比大幅回落，但一季报业绩大幅减亏或者预增。②去年年报业绩持平，但一季报业绩大幅放量增长。③去年业绩小幅增长，今年一季报加速增长。

对于第一类股票，往往先期股价跌幅巨大，一旦基本面不如预期的坏，很可能迎来报复性反弹。对于第二类、第三类公司，其股价跌幅不如第一类大，在确认环比业绩的同时，还需要结合公司所处行业基本面的情况来判断，锁定那些确实出现增长拐点的公司。一个典型的例子就是新兴产业相关的公司和传统行业的公司出现业绩拐点，往往前者的确定性更大，股价表现得更为激进。

第八章　是川银藏抄底的秘诀

人物简介

是川银藏，是日本最著名的股票大师，在股市纵横60年，创造了很多的奇迹。他在30岁时，以70日元做本钱入市的操作，即获利百倍，成为日本股市的名人。1981年，是川银藏84岁高龄了，提前发现投资机会、悄悄大量买进住友金属矿山公司股票，后迅速获利了结，赚了200多亿日元。仅靠股票投资，是川银藏1982年成为全日本个人所得排行榜名列第一，1983年度名列第二。他一生中在股市中赚钱超过300亿日元。在历经几次投机竞争后出名，被称为20世纪"最后的相场师"。1992年95岁高龄去世。

人们对他百发百中的判断力、预测经济形势和股市行情的准确性感到惊讶，因此被日本金融界称作股市之神。著名的投资家巴菲特、索罗斯、邱永汉等都对是川银藏的投资手法非常推崇。

投资策略及理论：以价值投资为根基的"乌龟三法则"投资策略。既看重个股品质，也看重市场趋势。

成功关键：勤奋做功课，收集各种重要统计资料，详细地分析，找出经济变化的动向，再以研究成果作为投资武器。

操作风格：长线投资。

对股市预测的看法：通过对研究基本功的锻炼，能预测经济动向，从而在一定程度上预测到股市的大方向。

> 对投资工具的看法：投资和投机兼顾一身，目的就是顺应市场。
>
> 抄底名言：每只股票都有其适当的价位，股价超越其应有水准，切忌追高。

一、是川银藏抄底战役

是川银藏追求的就是高抛低吸。他把购买股票好比是登山，在离山谷不远的地方开始买进，然后耐心等待胜利的来临。

如果观察是川银藏所投资过的股票，就能够看到他都是在低位买入，然而卖出股票时，他以比较高的平均价分批地卖出，获得最好的利润。

1976 年，日本因水泥需求快速下降，很多中小水泥厂都纷纷停业或者倒闭。然而是川银藏在分析之后认为日本水泥公司的下跌走势已经进入谷底，政府为了解决日益严重的失业问题，一定要大兴土木，水泥必然会暴涨。因此，是川银藏开始默默低价购买日本水泥公司股票。

1977 年，日本水泥业界的景气果然渐渐复苏，其股价开始一路飙涨。而这时是川银藏已经购买了日本水泥公司 3000 万股。一笔投资就让他最后获得 30 多亿日元盈利。

1978 年，是川银藏买入同和矿业"烂股"一事。此公司股价在 1979 年 3 月上涨到了 270 日元时，是川银藏成为该公司最大的股东。6 月初，涨至 344 日元。10 月初，股价上涨到 409 日元，是川银藏于是将卖出点设定为 500 日元。但是直到 12 月 23 日，是川银藏听说了苏联集结兵力到阿富汗边境的消息，就预测战争若爆发，非铁金属（同和矿业的矿山主要生产的就是铜、铅、银等非金属矿产资源）行情定会持续上涨，而此后的情形也确实如是川银藏分析的一样，于是他就将卖出点定到 800

日元，但是，这一过程中，是川银藏越来越兴奋，俨然已经从一只稳扎稳打的乌龟变成了兔子。

1981 年 9 月 18 日清晨，日本媒体发布了"菱刈矿山发现高品质金脉"的消息，当是川银藏听到此消息之后十分兴奋。他根据这个报道的数据推断出，菱刈矿山蕴藏着价值连城的金矿，可是矿主住友金属矿山公司根本没有认识到这一点。

是川银藏马上买入住友金属矿山公司股票，此后勘测数据证实了是川银藏的推断是正确的，这个矿区蕴藏着多达 100 吨的金，总价值为2500 多亿日元。它的股价随着快速攀升，这时候是川银藏手中的持股已经达到 5000 万股，占住友金属矿山公司已经发行股数的 16%。

为了以免重蹈"同和矿业"的覆辙，他及时获利了结，赚取了 200 多亿日元，创下了日本股市里的一个神话。

很多人喜欢追求高抛低吸，然而说起来容易，但操作起来很难。不管经验丰富的股民，还是入市不久的新手都有如此的体会：本来想高抛低吸做差价，结果却弄巧成拙，高买低卖。

那么，高抛低吸是如何操作呢？

高抛低吸的操作过程主要分为三个阶段：

第一阶段，越跌越买。每次交易不可能都包赚不赔。事实上，大多数投资者都有过买入之后被套的经历，关键看被套之后如何去做。有的技术派投资者信奉买上升通道的股票，一旦操作失误，买入的股票亏损幅度超过一定比例之后，马上止损离场。不过，长期运用止损方法的投资者无法实现持续盈利，可以在必要的时候采取逢低补仓、越跌越买策略很有效。

第二阶段，越涨越卖。在低位买入的股票是为了在高位卖出。当第一次确定卖出获利股票之后，此后的操作就进入越涨越卖阶段，除非卖出之后因股价下挫而补仓。否则，卖出之后当股价再上涨时应该越涨越买，以便控制仓位，见机行事，而不是在更高的价位反差买入曾在低位卖出的股票。

第三阶段，获得超额收益。对曾经购买过的股票，有时候需要见好就收，有时不可"一卖了之"，必须根据具体情况而定。主要应做到两点：一是在上涨趋势没有变化前卖出的股票要及时接回，只要有赚就能行，不能犹豫不决。二是在出现上升乏力征兆时买进的股票要立即卖出，避免被套。

除把握上述三个阶段之外，此外还有三招可以运用：第一，阶梯法。买卖时机可以根据价位梯次来确定。第二，定量法。在对应的买卖交易数量原则上要保持固定，这样方便对接。第三，"T＋0"操作法。运用底仓，高抛低吸，当日购买，当日抛出。

二、是川银藏的"乌龟三法则"

在日本一百多年的股市历史中，出现过多少个超级主力、重量级做手？可是这些人毫无例外地顶多风光四年或五年，便从股票的世界中消失，只是给股市平添昙花一现的热闹罢了。这就是股市做手的命运。然而是川银藏以"只吃八分饱"和"乌龟三法则"打破了这宿命的铁则，在股市中叱咤了大半生，其所得曾名列日本第一。

是川银藏说，投资股票，应该有一种"千山我独行"气魄。应该有彻底孤独的觉悟，"举世滔滔都向东，就我一人偏向西"，如果没有如此的信念和坚持，就很难成大器。

他认为，正确的投资原则和观念，应该建立在自我的严格纪律之上。当然，想投身于充斥着贪婪和恐惧的股票市场，应具备很高的热情、不服输的信念以及坚毅执着的精神，才能在挫折中持续地走下去。

是川银藏 16 岁时就出来闯荡江湖了，人生经历了几次大起大落。对许多成功者来说都是在很年轻时就出来工作，磨砺自己，此后随着时间不断地积累，使得自己变得有能力、经验更丰富，最终让时间为你自己积累重复。

因此，是川银藏得出如此的结论：每个人在自己的一生中，均会遇到两三次的大机会。是否把握这个千载难逢的时机，就要靠平常的努力和身心的磨炼，理论与实践的合一，再加上日夜的思考训练，能够增加成功的概率。另外，在重大决断的时候，通常需要直觉，这个直觉并不是来自天赋，而是来自多次战斗所积累的经验。

"经济不会永远繁荣，也不会永远衰退。"是川银藏说，资本主义的经济有一定规律的，犹如海浪那样，有波峰，也有波谷。尽管有金融大风暴，然而也只是经济变动的一个波，所以经济变动的规律，将会反映在股市行情之上。

"当经济由波峰往下挫时，并不会永无止境地下挫，在下跌的过程中，就已渐渐蓄积将来要上涨的能量；反之，经济由波谷往上涨时，也不会涨个不停，由于在上涨的过程中，就已渐渐蓄积将来要下挫的能量。"

是川银藏先生在图书馆苦读三年之后，所获得的收获是他可以一边看报纸，一边预测三年后的经济动向。于是他成立了是川经济研究所，专门研究政治和经济的问题，接着根据分析的结果，选择合适的公司投资。这则是标准的成长投资，专业的研究加之正确的分析和判断。

是川银藏在第二次世界大战结束的信息传出以后，所做的第一件事则是大量收购铁皮（现在一般称为彩色钢板），由于他认为转眼就要进入秋冬之际，气候将会变得酷寒，这时候必须要广建铁皮屋当作避难所。他甚至向银行大量借款，收购的数量惊人。是川银藏的眼光和判断非常准确，一切果然如他预料的那样，因为临时避难所的需求十分惊人，所以铁皮的价格在很短的时间之内大涨了数十倍，是川银藏在这一波铁皮的大涨中，获得了非常丰厚的利润。

他分析在铁皮屋兴建完成以后，应该会进行大破坏之后的大建设，水泥将来的用量应该会大幅增长。于是，在日本股市已经恢复交易以后，开始不断地逢低买入体质较好的水泥股，而且是买入之后马上办理过户。由于当时正好处于战后时期，依然处于民不聊生阶段，很多人仍是一穷二白，根本无力兴建房子恢复家园，水泥公司的业绩一直没有起色，股价也继续处在低档盘旋。然而是川银藏仍很坚持他的看法，仍不断地逢低吸纳，股数越买越多，终于引起水泥公司大老板的注意，于是专程登门拜访探问是川银藏是否有意介入公司的经营权。是川银藏的回答非常简单，他纯粹只是看好水泥业将来的远景，而购买该公司的股票做投资，绝对不是有意介入经营权。

而这家水泥公司的老板反问是川银藏："我们公司的业绩确实会好吗?"最后还带着半信半疑的眼神离开。果然不久之后，日本政府在美国帮助之下，大量兴建房舍和道路。由于当时大楼仍没有普及，因此钢筋用量相比之下仍远不及水泥用量，而日本政府也督促银行尽量贷款给民众好重建家园，于是水泥的需求量大增，水泥股的业绩高速增长，该公司的股价从原本的 100~150 元，一举往上突破。最终，是川银藏在股市中大赚超过 300 亿日元 。

是川银藏经过多年的经验总结：投资股票犹如兔子跟乌龟的竞赛一样，兔子由于太过自信，被胜利冲昏了头脑，导致失败。而乌龟尽管走得很慢，却是稳扎稳打，谨慎小心，反而赢得最终胜利。所以，投资者的心态应该像乌龟那样，仔细地观察，审慎地买卖。

是川银藏的"乌龟三法则"则是：

第一，选择将来很有前途，却被大众还没发现的潜力股，并长期持有。

第二，每天全力关注经济和股市行情的动向，并且勤奋地进行研究。

第三，不能太过于乐观，不要认为股市就会永远持续地上涨，在股市过热的时候，必须反行其道趁高套利。

"乌龟三法则"不但是一种保守、稳扎稳打的投资策略，而且是一种控制贪心的行为准则。

三、只吃八分饱

是川银藏说："股市就好比是人生，若不想承担过多的风险，就必须知足，不要被贪婪所诱惑。"

他认为，每只股票都有它的合适价位，股价超过它的应有水平时，不要追高。是因为股票价格最终还是由它的业绩决定。

在是川银藏 60 多年的股票生涯中，同和矿业一战由于贪婪而失败，使得他认识到"知足"的道理。

1978 年初，他当初买入同和矿业的时候，确实像乌龟一样十分谨慎，稳扎稳打，然而一听到苏联入侵阿富汗的消息之后，却高兴得什么都忘了。

但到了 3 月同和矿业股开始下挫。进入 5 月之后，同和矿业股的下挫趋势仍然不变。5 月 8 日股价为 835 日元；5 月 16 日股价为 507 日元。眼看着股价已经渐渐逼近成本，这时是川银藏心里异常焦急，使得他每一天精疲力竭，就像是生活在地狱里。

"是川银藏由于脑溢血，半身不遂。"

"是川银藏因得重病，已经入院。"

尽管是川银藏每天都会到证券公司看盘，然而股市中却不时传出如此的谣言。是川银藏说，股市就是谣言最多之地，若每听到什么谣言，就要买入或卖出的话，那么你钱再多，也会全部赔光。

在股价下滑的过程中，是川银藏一有机会就将持股出售，而下滑到 500 日元的时候，这 6000 万股的持股中仅仅出售一半。剩下的股票必须迅速抛出才行，可是是川银藏又害怕奄奄一息的行情，经受不起这么大的卖压，不得不去找野村证券公司。

野村证券公司是当时日本最大的证券公司，唯独野村证券才有实力一口气吃下这么多股票。野村证券因为害怕是川银藏在市场上倒出股票，会导致进一步大跌，所以也不得不同意承接 1000 万股，然后把这些股票推销给科威特政府和外国投资机构。

除了野村证券之外，是川银藏还向其他平常有买卖关系的证券商各"分担"100 万股或者 200 万股。这样，是川银藏总算把所有的剩余股票脱手完毕。

假如这些证券商不帮助是川银藏处理持股，那么是川银藏必然赔得非常惨，而其他的证券公司也会遭池鱼之殃。

是川银藏指出，原本卖出价是设定在 500 日元，然而随着行情的暴涨，就调整到 800 日元价位，更因为股价涨势十分猛烈，认为 1000 日元也没有问题！由于过于兴奋，可以说是已经完全失去卖出股票时最需要的理性。

当股价最后突破 880 元以后，却呈现力竭状况，坐轿者众，股价快速地回落，这时的是川银藏操作完全掌握在市场投资者和法人手中，数量巨大的持股让他根本出不了货，甚至在危急关头还被迫出面护盘，最终造成不可收拾的灾祸。正是这种因贪婪而起的错误，毁掉了是川银藏花了很多研究、分析的努力，让原本能够获利 300 亿日元，最后却成了纸上富贵。

是川银藏回忆说，这一次的失败让我终生难忘，使得我深深地认识到股市处处是危机和陷阱，只要一不留神就会满盘皆输。不要对行情持有一厢情愿的想法，因为股价的走势通常跟人的预测背道而驰。我自从进入股市以来，虽然规模没有这次大，却也历经很多次失败。然而却很难吸取教训，一再重蹈覆辙，让我不禁地感叹自己也是平凡人。

是川银藏的这种经历，相信投资者读起来都心有戚戚焉。股价上涨时要如何不让贪婪冲昏头？在股价下挫时，又该怎样控管不愿认赔的恐惧心情？这些都是人性最大的煎熬，所以才有"股市就是人性最大战场"的说法。

是川银藏认为，卖出股票比买入要难得多，买入的时机抓得很准确，若在卖出的时候失败了，仍然赚不了钱。

而卖出之所以非常难，是因为大多数人并不知道股票会上涨到什么价位，就很容易受周围人所影响，他人乐观，自己也跟随乐观，最后总是由于贪心过度，而错过卖出的良机。

日本股市有一句名言："买入必须悠然，卖出必须及时。"假如一口气倒出，必然会造成股价的大跌，所以，应该十分谨慎，不能让别人知道自己在出货，并且有时为了让股票在高价位卖出，还得买入，来拉抬股价，这样买入与卖出相互进行，逐步减少手中的持股。市场人气正旺的时候，是川银藏没有忘记"饭吃八分饱，没病没烦恼"的道理，收敛贪心，获利了结，遵守了"低价买入，高价卖出"的股市投资法则。

1976 年，是川银藏用 6 亿元资金购买日本水泥的股票，在两年的时间里就获得高达 300 亿元的利润。获胜的原因在于，当大众把日本水泥当作垃圾股，认为不值得投资时，是川银藏却看出了它的未来有很好的发展前景，就逢低买进，接着他坚信自己的判断，并耐心等待。等股价攀升到 337 日元，市场人气正旺的时候，是川银藏收敛贪欲，获利了结。

而那些涨到 337 日元高位时依然争相买入的投资者，恰好犯了"高价买入，低价卖出"的错误。实际上，日本水泥股票创下 337 日元天价之后，就急转直下，不到半年的时间回落到 200 日元大关，此后还持续向下探底。

是川银藏为了控制自己的贪婪与恐惧，运用八分饱的原则，在股价暴涨、市场人气正旺的时候，就控制自己的贪婪，获利了结。他以这种"买入必须悠然，卖出必须及时"的态度，在购买日本水泥股票获利高达 300 亿日元。

"八分饱"的卖出股票原则也适用于中国股市。很多股票专家都建议，以大盘每年有三成获利空间作为基准点，那些权重股的八分饱卖出点能够抓 15%，小型股波动性很大，可以以 40% 当作八分饱的卖出点。

当然，投资者可以根据自己的风险承受度进行微调。

有一句俗话说得好："八成是神仙"，是川银藏能吃到八成就是神仙了。实际上，大家只要能吃到六成，那也够神的了。在股市中，去掉尾去掉头，吃个中间就很不错了。所以大家不这么辛苦地去抄底。熊市中的谷底是跌出来的，更是等出来的。一轮熊市下跌，跌幅可以达 60%，但当真的下跌 60%后就是底部了吗？熊市中的底部就像牛市的顶部一样无法预测，假如一厢情愿地抄底，很可能会被熊市列车的最后一击碾得粉碎。目前不是克服贪心和恐惧，而是要克服急躁的心态。看谁的耐心强，谁的定力高。一波熊市下来，能不死就已经很幸运，要想扳本那就要等到下一轮牛市的时候了。

四、抄底潜力股

"选择未来可能暴涨的股票，悄悄地买入"这是是川银藏的盈利法则所在。他往往寻找将来很有发展前途，却还没有被别人发现的潜力股，接着长期持有。

1976 年，日本设备投资空前旺盛，促成了本国经济迅速成长。是川银藏看到此情形，就预测日本经济可能不可避免会有一场通货膨胀。"地价肯定会暴涨！"因为企业的投资意愿很强，日本各地已经拟出大量新工业区的建设计划，加之通货膨胀，地价必然会暴涨。"现在购买土地的话，几年之后一定大赚。"是川银藏心中这么考虑。于是他一边投资股票，一边开始买卖不动产。

在此期间，是川银藏收集了日本各地工业区的建设计划，他比他人先行一步察觉兴建新城镇的可能性，在事情还没有曝光之前，悄悄地以低价购买，然后耐心地等待价格上涨，赚取了 3 亿日元。

在这个时期里，日本水泥公司的经营状况一直不好，到了 1976 年 10 月底其股价好像还有进一步向下探底的迹象，仍然不景气，是川银藏经常听到中小公司倒闭或者停业的消息。然而是川银藏分析了日本水泥公司以前 10 年的股价，发现从 1974 年以来一直处于下滑走势，到 1976 年时已经进入谷底，是因为："政府为了解决越来越严重的失业问题，一定会采取对策，恢复景气。"而解决失业问题最有效的方法，就是大兴土木，来吸收大量的劳动力。所以水泥一定会大涨，并且日本水泥公司拥有自己石灰石的矿山，在原料自给上，业界无法相比。

是川银藏悄悄地逢低买进日本水泥股票，绝不追高。当时连该公司的高层都持悲观看法，这些高层管理者毕竟整天从早忙到晚，没有研判经济局势，对此反应十分迟钝。因为公司高层不看好，所以大多数投资者也不会看好。然而是川银藏不但不这样认为，反而十分高兴，假设大多数人与是川银藏持有相同的看法，认为日本水泥股价将来一定会上涨，他们就会纷纷买进，从而让股价节节上涨，那么是川银藏就捡不到便宜货了。

"由于水泥业界从 6 月起实施联合减产，各厂的过剩库存已经逐渐减少，水泥价格将来可望回升。"日本经济新闻如此报道着。就在一年之前，因受景气低迷影响而经营恶化，甚至被很多投资者称为"烂股"的日本水泥，一年以后，这些所谓"烂股"脱胎换骨成为股市中最受关注的热门股。这时候，股市人气非常旺盛，然而当市场一片看好的时候，上升走势可能已离终点不远。是川银藏就获利了结，从这些潜力股中大赚一笔钱。

所谓潜力股是指在将来一段时期存在上升潜力的股票或者具有潜在投资预期的股票。有一些股票因具有某种将来的、隐蔽的或者被大家所忽视的利多因素而存在推动股价上涨的潜在力量。如果发现这些利多因素并要耐心地等待，这就是投资潜力股的特点。投资潜力股往往需要有一段较长的持股期，而一旦潜力爆发，就应该立即出手了结。

那么，如何寻找潜力股？

（1）"超前"思路。有些个股可能具有潜在题材，然而要到将来的某一不确定时刻才显露。这样就需要超前意识，这种超前意识往往需要有缜密分析所给予的支持。"超前"的要义就是善于从真实信息中挖掘出其内在的价值。

（2）"逆向"思路。在低迷市场中，有一些个股的重大利多消息往往与一些次要的利多消息无法区别，这样就被大众所忽视。

（3）"周期"思路。大多数股票的业绩表现经常要受行业周期以及公司个股周期的影响，在几个年份处于高点，在另几个年份就会下跌低点。

潜力股的利多因素是不胜枚举的，搜寻潜力股的方法也是多种多样的。但有极其简单的一个判断方法，就是观察今年上市次新股的表现，假设大盘创新低，这部分次新股也创了新低，那么通常不是底部。假如大盘创了新低，而次新股已构筑一个底部，并不随着大盘的下跌再创新低，那么底部的可能性就比较大了。此时如果伴随着市场成交量的持续低迷，市场上弥漫着悲观甚至绝望的情绪，则这个底部成立的概率应该是很高了。

一是可以把三条月 K 线参数设定为 6、12、18，当上述三条均线呈多头发散黏合向上的时候，可以重点关注。

二是关注月 K 线形态呈矩形、圆弧底和双底形态的个股。这类股票通常筑底时间比较长，主力有充足的时间进行底部充分的换手，以便能吸足低价的筹码。底部横盘时间越长，低位筹码锁定越多，中长线潜力越大。

三是在关注个股月 K 线和形态的同时，还要关注月 K 线对应的成交量的变化。月 K 线底部放出大的成交量证明庄家在底部的积极吸纳。

综上所述，运用月 K 线选择中长期潜力股是选择潜力股比较好的一种方法。

五、是川银藏抄底的原则

是川银藏总结出如下抄底的原则：

1. 抄底必须在自有资金的范围内

是川银藏说："没有资金并没有关系，必定会赚！"证券公司再怎么以这类的甜言蜜语诱惑你，也不要去做融资、融券。股价有涨也有跌，下挫的幅度略大，便会被追缴保证金，如果不缴保证金，就会被证券公司中止合作。不过，下跌时及时抛出就没事了，可是连股市专家都很难判断什么时候该卖出，更何况是一般投资者？

有的时候，投资者也会遇到运气好而赚一笔，然而大多数人通常在尝到胜利的滋味之后，忘掉了失败的悲惨，而乘胜追击，大胆地深入。结果，一般的结局是，不但把本钱赔掉，还得向亲戚和朋友，甚至高利贷业者借大量的股债。

2. 选股不要靠人推荐

是川银藏说："不要一看到报纸和杂志刊出那些利多题材时，便立刻投入进去。"

事实上，光靠听他人的意见，或者只是凭借报纸和杂志的报道就想赚钱，如此的心态本身就是失败的根源。如果你自己不下功夫去研究，只是看看报纸杂志有什么利多题材，作为买进股票的依据，这根本是不可能成功的。天下岂有这样的好事？

要想在股市获利的话，就必须关注经济的动向，无论是本地经济，还是世界经济，都要每天不断地关注。如果拥有一般程度的经济常识，大多数人都做得到，更何况判断的材料通常出现在每天的报纸上，非常方便。

是川银藏就是一个对经济形势判断的高手。对投资者来说，假如没有一定的宏观经济学知识，就不会对事情预料非常准确。

只有努力地去做好功课，构建正确的投资观念。要多用点时间就会了解，这也是投资股票的最基本功夫，投资者会由于运气或者意外而获得短暂的获利，然而若想要获得长期持续的获利，你就不能只期待于概率或者运气，应当要建立扎实的基本功夫才能获得。

首先自己分析看看，将分析结果说给他人听，让别人告诉你这只股票好不好。假如反映是正面的，可以尝试购买少量的股票去练习一下技术。由于投资理财都是具有风险的，长期规划是降低风险的重要法则之一，这就是是川银藏一生的投资经验总结。他认为，如果投资者孤注一掷，那么其结果多是失败。对大多数散户来说，没有失败的本钱，以免孤注一掷唯有一个方法，购买股票之前你应该事先就有长远的投资计划。

第九章　缠中说禅抄底的秘诀

人物简介

缠中说禅，是网络名人，简称为"缠论"，原名为李彪，是亿安科技的著名操盘手。他能够坐庄一只股票，将成本打到 0 再拉升几十倍甚至上百倍，名震一时。他创造了跌停板洗盘法。

他自称为全球第一博客，从 2006 年起，先后发表了 1134 篇博文，博文范围涵盖文化、经济、数学、历史、哲学、宗教、诗歌、音乐以及足球。但主要篇幅在股票上，详细介绍其发明的股票操作理论——缠中说禅理论，被他称为数学推理上构建的绝对操作理论。

2007 年，他神奇预测由美国次贷危机引发全球金融危机，并神奇预测美国股市和我国股市的顶底。由于屡屡神奇地公开预测成功，所以其在网络上粉丝众多。其粉丝被称为"缠迷"，粉丝称其为"禅主"。

2007 年他患上了鼻咽癌，于 2008 年 10 月 31 日去世，当时他还不到 40 岁。虽然他已离去，但他却留下了许多。他在博客中留下了精彩的思想，有教你炒股票系列和解读《论语》系列。每天有成千上万的人在学习他的理论，学习他的思想。

成功关键：专一股票的三种买卖点结合与专一第三类操作的不同股票。成本为零是股市不败的唯一前提。做中长线是股市赢钱的唯一秘诀，短线只是将成本降下来。

抄底名言：散户绝对不要抄底，一定要等股票走稳启动才介入；

如果是短线，一定要在均线黏合时介入，这样就不用浪费时间。记住 5 周线是中线生命线，5 日线是短线生命线。

一、缠中说禅抄底战役

"缠论"是一个抄底高手，他是 1999 年亿安科技的首席操盘手，能让股价站上 126 元的天才！亿安科技曾经是 A 股市场名动一时的庄股，该股票曾经从 1998 年 8 月的 5.6 元左右，最高上涨达到 126.31 元，涨幅高达 21.5 倍，当时引起巨大的轰动。亿安科技成为中国首只股价突破百元的股票，也是首只跌幅达到百元的股票。下面介绍一下"缠论"做亿安科技的情况：

这个项目是亿安科技的老总罗成委托他们几个做的（后来，在证监会处理亿安科技的文件中，提及了亿安科技操盘手"缠论"、汤凡等人的名字），"缠论"负责该股的吸货和第一波拉升，现在他的工作完成了，便将操盘工作交给了别人，但每天盘面的事情他还非常清楚。

说到吸货，"缠论"说成功的关键就是保密。为此，他费了很多脑筋。他说，在这个圈子里很多人都认识他，只要他在哪个营业部一待，其账户就会被营业部老总监控。为了躲避监控，他只好选择一些地域偏远、他从来没有去过的营业部分散开户。在开户之后，为了迷惑营业部的人，他先满仓买入其他的股票，接着再清仓卖出这些股票，这样倒来倒去好几次，营业部的人看他似乎不太会做股票，也就不再关注他了，此后，在他把账户全仓买进亿安科技之后，也无人管他。一旦吸货完成，他便进行转托管。通过如此的手段，则避免了让他人盯上。

不过，尽管这样做，也难逃"老鼠仓"的威胁。"老鼠仓"并不是来自别处，也不是来自他泄露了什么信息，而正是来源于亿安科技的高管层。亿安科技的老总罗成委托"缠论"做盘，罗成的心腹们和那些核心高管层不可能不知道。罗成也默许高管层从中盈利。于是，在"缠论"刚起庄的时候，这些高管层以及其七大姑八大姨也都同步开始了吸货，能够通过贴庄赚大钱。对于这些"老鼠仓"，高管层掩耳盗铃，以为"缠论"不知道，但"缠论"是什么人，他当然很清楚。然而"缠论"不能够容忍这些"老鼠仓"的存在。由于根据"缠论"与罗成的协议，"缠论"做盘的报酬，来源于这个项目的最终盈利，这个盈利可以用现金方式结算，也可以用瓜分亿安科技底仓的方式来体现。很明显，"缠论"的底仓吃得越多，盈利才会越大。如果底仓都被这些"老鼠仓"占了，则"缠论"还能赚什么钱？

在完成了外面浮筹的吸货之后，"缠论"便开始了对于"老鼠仓"的猎杀。但要赶出这些"老鼠仓"绝非易事。一般来说，震出"老鼠仓"的决定性手段，就是由上市公司发布重大利空，但这个手段李彪根本不可能使用，因为对于公司的内幕信息，那些建"老鼠仓"的高管们甚至比李彪还要清楚。且不说那时候亿安科技根本就没有什么重大利空，即使亿安科技有什么重大利空，最多也是"缠论"和那些高管们同时知情，"缠论"不可能在瞒着那些高管们的情况下，将这些重大利空作为针对高管们的震仓手段。所以，"缠论"与这些高管们的博弈层面绝不在内幕信息层面，他必须要想出更好的办法。

"缠论"要面对的敌人，不是别人，而正是他的"东家"，这真是很奇特的一幕。那么，他有什么法子打败他的"东家"呢？"缠论"说，他深知这些高管们的心理：一是不懂股票，却不懂装懂；二是都非常贪婪，不愿意吃亏，哪怕是小亏；三是自认为能够控制局面。因此，要对付他们，就应该打出组合拳才行，他想出了最好的计策。这一次，他来到了罗成的办公室，故意在几个副总的面前嚷嚷，说亿安科技的盘子非常不干净，要彻底洗盘，否则不能做了。罗成他们当然装傻，问"缠论"要如何办，"缠论"说要把股价狠狠向下砸30%以上，并且要将股价放在底下"凉"半年，"肥老鼠仓"彻底被逼走。"缠论"明白，罗成他们对于"缠论"的说法开始可能并不相信，由于这些人不懂股票，你不可能一两句话就把他们吓跑。然而，如果亿安科技的股价真的往下破位，则这些高管们是会害怕的，因为，他们此时就会把"缠论"原先说的那个吓人的话当真，会想当然地以为该股股价就是要下跌30%。与其被套30%，还不如先跑掉，将来待股价更低一些或者即将拉升前再买进，岂不更好吗？此后几天，"缠论"就真的在盘面上将亿安科技的股价做出了向下破位的形态。"缠论"的手段的确非常高明：一是在高管层散布虚假信息，二是在股价上做骗线，经他这一通类似反间计、烟幕弹般的折腾，那些高管们的"老鼠仓"就真的开始了恐慌出逃。而"缠论"就用了一些秘密账户，将这些"老鼠仓"全部收入囊中。

关于这一段，"缠论"在《缠中说禅》中《教你炒股票87：逗庄家玩的一些杂史4》中有如此精彩的叙述：

"这例子，还没动手，老鼠仓就抢起来了。因此，后面的任务十分艰巨，第一，要抢到足够的东西；第二，成本不能太高；第三，把老鼠仓洗出来；第四，这时间还不能太长。这怎么看都是一个不可能完成的任务。

首先，在一个大的压力位上顶着，接了所有的解套盘。老鼠仓是不会接解套盘的，别的小玩意儿就更不会了。然后在那位置上不断地假突破。一般在强压力位上，一般人不会拼命给你冲关的，而不断地假突破，就让所有技术派的人把筹码交出来了。但这时候，买到的是最高的成本，除了历史上的高位套牢，所有人的成本都要比这低。

这时候，把账上所有的钱基本都打光了，还有一部分。当时，有一种透支是需要当天平仓的，用剩下的钱，借了该种透支。然后那天疯狂地买，早上就把所有的钱加透支全买完了，因为前面N次的假突破，突破后根本没人管，需要的就是这种效果。

下午，需要平仓了。不断交涉是否可以不平，结果是不可以。很痛苦状地开始平仓行动，瀑布一样，价格下来了，早上买的，亏损着全砸了出去，结束一天悲惨的交易。价格也砸穿前面一直坚持的平台，收盘后，有人被套被人追债的传闻马上到处流传。

第二天，所有的老鼠仓，所有知道消息的都蜂拥而出，然后是第三天，也是这样。

这时候，在 N 个别处的遥远的地方，所有的抛盘都被吸到一个无名的口袋里，所有出逃的人都在庆幸，因为第四天依然大幅度低开。"

经过彻底的洗盘，最终亿安科技的控盘率达到了 95% 以上！

据有关市场人士回忆说，接连破位下跌，被市场人士普遍理解成庄家出货末期的手法，而"缠论"却反其道而行之，运用传闻和破位走势制造恐慌，大量吃货，可见其聪明。这种手法被大家总结为跌停板洗盘法，极为流传。

就像他说的那样，接下来的一天，亿安科技莫名其妙涨停。然后一气走出了四连阳，然而却开始横盘，并且位置略低于前期平台，就是很难突破。这又开始让大家摸不着头脑。

1999 年 1 月 18 日，亿安科技忽然涨停，一下子突破了前期两个平台。突破的时候，连 15 分钟都不到便过去了。

狼来了的故事说多了，等着亿安科技真突破的时候反而无人敢追。亿安科技就如此一涨不回头。从当时每天分时盘口观察，其股价往往是沿着 45 度角向上稳健攀升，而且通常以盘中高点收市。该股票一下子从 7 元多，上涨到 15 元，翻了 1 倍；又于 15 元附近，接连高位震荡两个月，持续玩假突破，吸筹；接着又迅速从 15 元上涨到 34 元，又翻 1 倍。此后开始震荡式下挫，用下挫的形式来洗盘，连续了四个月，吸筹充分，接着从 26 元，一路上涨到 126 元，尤其是 2000 年 1 月，该股票从 40 元，持续大阳，一个月的时间，便拉到了 126 元，真的酣畅淋漓。这时候，当时入场被洗出，或者场外的投资者，看得眼馋，一直想等回调后再进场。

有人说亿安科技拉这么高出不了货，"缠论"采用了一种方法，那则是用媒体宣传，保持上市公司的形象不败，有新产品，空间极大，准备并购等，持续保持良性的舆论。同时让股价下挫 50%，此后拉反弹或做震荡，这样的话，场外的散户以为该股超跌，下跌得太快，提供了很好的入仓时机，便会大量蜂拥而入，正好"缠论"把货派发给这些散户。当该股票的股价下跌至 70 多元时，大多数人就一路抄底，结果该股一直下跌，下跌到了 10 元，到了 2003 年，下跌到 3.5 元，死死套住了很多的散户，一些人倾家荡产，可谓惨淡。

"缠论"首创"跌停板洗盘法"，玩死庄家！

当庄家想拉升一只股票的时候，通常会先洗一下盘，"跌停板洗盘法"则是先用手中原有的股票大幅杀跌，使人感到像是庄家在出货，进而引起散户的恐慌，急忙抛出手中的股票，而庄家一边杀跌一边吸货，从散户手中抢得廉价筹码！

二、 运用均线系统抄底

"缠论"主要运用均线系统抄底，他这样认为："利用均线构成的买卖系统，首先要最后一次缠绕后背驰构成的空头陷阱抄底进入，这是第一个值得买入的位置，而第二个值得买入或加码的位置，就是第一次缠绕形成的低位。站在该系统下，这两个买点的风险是最小的，准确地说，收益和风险之比是最大的，也是唯一值得买入的两个点。但必须指出，并不是说这两个买点一定没有风险，其风险在于：对于第一个买点，把中继判断为转折，把背驰判断错了；对于第二个买点，把转折判断成中继。这些都构成其风险，但这里的风险很大程度和操作的熟练度有关，对于高手来说，判断的准确率要高多了，而如何成为高手，关键一点还是要多干、多参与，形成一种直觉。但无论高手还是低手，买点的原则是不变的，唯一能高低的地方只是这个中继和转折以及背驰的判断。"

技术分析的方法有许多，技术指标也有许多，然而最简单又最实用的技术指标系统则是均线系统。下面是"缠论"均线系统的概括：

（1）基本概念。

第一类买点：应用均线构建的买卖系统，先必须运用长期均线上位，在空头排列最后一次缠绕后背驰式下跌形成的空头陷阱抄底进入，这则是第一个值得买入的点位。

第二类买点：就是利用短期均线上位，多头排列之后第一次缠绕，形成的下跌而构成的低位，这则是第二个值得买入或者加码的点位。

第一类、第二类卖点：与买点的情况刚好相反。

买点定律：大级别的第二类买点由次一级别相应走势的第一类买点形成。

短差程序：大级别买点介入的，在次级别第一类卖点产生的时候，先可以减仓，然后在次级别第一类买点产生时回补。

（2）应用要点。

买入时，通常最好的是在第二个买点，而卖出尽量在第一个卖点，这则是买和卖不同之处。

（3）分析理解。

在空头排列的情况之下，一旦产生缠绕，就应该密切地注意，尤其是这个缠绕是在一个长期空头排列之后产生的，就更应该注意，其后的下跌通常是介入的好时机，由于空头陷阱的概率相当大。应当提醒，此点对趋势构成的第一次缠绕不成立。然而缠绕以后一定有高潮，唯一的区别就是均线位置的区别，关键判断的就是均线位置。

对于任何走势来说，首先必须判断的是均线位置：是空头排列还是多头排列。假如是多头排列的情况，一旦缠绕，唯一需要应付的就是这个缠绕到底是中继还是转折。能够肯定地说，没有任何方法能够百分百确定这个问题，然而还是有许多方法使得判断的准确率非常高。一是短期均线上位趋势发生的第一次缠绕是中继的可能性很大，假如是第三、四次发生，那么该缠绕是转折的可能性便会加大；二是发生第一次缠绕之前，5日线的走势是非常有力的，不能是轻软的，这样缠绕很可能就是中继，后面至少会有一次上涨的过程出现；三是缠绕发生前的成交量不能放得过大，一旦过大，骗线出现的概率就会极大增加。假如成交量忽然放得过大而又萎缩太快，通常尽管没有骗线，缠绕的时间就会增加，并且成交量就会出现两次收缩的情况。

在这个系统之下，第一类和第二类买点的风险是极小的。也就是说，收益与风险的比率是最大的，这是唯一值得买入的两个点。然而应该指出的，并不是说这两个买点肯定没有风险，它的风险在于：对于第一个买点来说，将中继判断是转折，将背驰判断错了；对于第二个买点来说，将转折判断为中继。这样就会构成其风险，而这里的风险相当大程度与操作的熟练度有关，对于高手而言，判断的准确率就会高一些。判断的准确率要高就要多看和多参与，才能形成一种直觉。

（4）操作指导。

要想掌握好这个均线所构成的买卖系统，应该深刻地了解买点定律：大级别的第二类买点则由次一级别相应走势的第一类买点所构成。假如资金量不是很大，那么就要了解短差程序：大级别买点介入的，在次级别第一类卖点产生的时候，可以先去减仓，然后在次级别第一类买点产生时回补，只有这样才可以提高资金的利用率。

若你选择了这个买卖系统，就必须根据这个原则。如果买入的方式懂了，那么卖出反过来就行了，这是非常简单的。不过，相应的均线的参数可以按照资金量等情况进行调节，资金量越大，参数也就相应的越大，这需要交易者好好去摸索。此点，对于短线仍然有效，只是将日线改为分钟线就行了。而一旦买入之后，就要长期持有等待第一个卖点，也就是说，短期均线上位缠绕之后形成背驰和第二个卖点也就是变成长期均线上位的第一个缠绕高点将它卖出，只有这样才能完成一个完整的操作。

对第一个买点来说，一旦上涨的时候仍然出现长期均线上位的缠绕，则必须要退出，这是为什么？由于第一个买点买入的基础在于长期均线上位最后一个缠绕后形成背驰，而目前又形成长期均线上位的缠绕，这则意味着之前引导买入程序启动的缠绕并不是最后一个缠绕，简单来说，程序判断上出现了问题，所以应该退出。不排除此情况，则退出之后，缠绕通过以时间换空间的折腾逐渐变成短期均线上位，最终还是大幅上涨了（此情况即便出现，也可以按照第二个买点的原则重新介入，因此真正的机会并不会失去），然而即便这样，也完全不能由于这种可能的情况产生侥幸心理。由于还有更大的可能是缠绕之后产生快速地下跌。

对第二个买点来说，一旦这个缠绕中形成跌破前面长期均线上位的最低位，则意味着买入程序出现了问题，应该在任何一个反弹中将股票出清。在此情况下，不排除其后产生上涨，但理由与上述一样，所有操作并没有百分之百准确的，一旦产生这种特殊情况，必须要先退出，这是在交易生涯中能长期存活的最重要一点。

三、走势类型的判断和分析

"缠论"认为，分清"走势类型"就是技术分析的关键所在，也是技术分析的基础。

如果我们打开走势图所看到的就是走势。走势是在缠论的分笔、分段规范下有了不同级别的分类，即为"趋势与盘整"，趋势分为"上涨与下跌"。那么，什么是上涨、下跌、盘整？

"缠论"在下面做出一个定义。首先应该明确的是，一切的上涨、下跌以及盘整均建立在一定的周期图表上，例如，在日线上的盘整，在30

分钟线上可能就是上涨或者下跌，所以，一定的图表则是判断的基础，而图表的选择跟上面所说交易系统的选择是一致的，与交易者的资金、性格以及操作风格等相关联。

所谓上涨就是指最近一个高点比前一高点要高，并且最近一个低点比前一低点要高。

所谓下跌就是指最近一个高点比前一高点要低，并且最近一个低点比前一低点要低。

所谓盘整就是指最近一个高点比前一高点要高，并且最近一个低点比前一低点要低；或是最近一个高点比前一高点要低，并且最近一个低点比前一低点要高。

1. 走势的完全分类

市场所有品种、所有周期下的走势图，都能够分解成"上涨""下跌"以及"盘整"三种基本走势的组合。

这三种基本走势有六种可能的组合，分别表示了三类不同的走势：

（1）陷阱式。即上涨＋下跌；下跌＋上涨。

（2）反转式。即上涨＋盘整＋下跌；下跌＋盘整＋上涨。

（3）中继式。即上涨＋盘整＋上涨；下跌＋盘整＋下跌。

市场的走势，都能够通过这三类走势得到分解。

从买入的角度对它们进行分类：

（1）有买入价值的是（结果就是"上涨"）

下跌＋上涨。

下跌＋盘整＋上涨。

上涨＋盘整＋上涨。

（2）没买入价值的是（结果就是"下跌"）

上涨＋下跌。

上涨＋盘整＋下跌。

下跌＋盘整＋下跌。

由此可以看出，假如在一个下跌走势中买进，后面就会遇到一种没买入价值的走势，便是"下跌+盘整+下跌"，这比上涨的时候买入要少一种情况。因此，我们必须选择在下跌中买入。

在下跌的时候买入有两个风险：

（1）该段跌势未尽。其解决方案是：在发生背驰的第一类买点买入。

（2）尽管该段跌势尽了，然而盘整之后就出现下一轮跌势。其解决方案：如果后面一旦出现盘整，那么就减仓退场，而不参与盘整。此外，以后就会学到如何判断盘整后上涨还是下跌，若掌握了这个技巧，就能够依据该判断来决定是减仓退出还是利用盘整动态建仓了。

2. 走势完全分类的买卖策略

依据上面的完全分类，我们可以制定出很多与它对应的买卖策略。其中，缠论提出一种"中小资金的高效买卖法"。它就是在第一类买点买进之后，一旦形成盘整走势，不管其盘面怎么样，都立即退场。

此种买卖方法的实质，就是在六种最根本的走势中，仅仅参与唯一的一种：下跌＋上涨。也就是说，在"下跌"阶段去寻找形成背驰（第一类买点）的股票，买进以后，希望它"上涨"。

那么，怎样去寻找满足条件的股票？该满足什么条件？下面运用完全分类的方法进行分析：

我们从这里向前推理——此"下跌+上涨"的前面可能会有两种走势：上涨或者盘整，但不可能是"下跌"。

假如前面是"上涨"，那么便产生了"上涨+下跌+上涨"。

这在上一个级别（更大级别）的图形中是一个盘整，所以我们可以归入在盘整的操作中。换言之，当交易者期望运用"下跌＋上涨"方法介入一只出现第一类买点的股票，假如它前面的走势是"上涨＋下跌"。这时候，其后的"上涨"仅仅是在预期中，尚未"走出来"，那么不必考虑。

应该注意的是，不必考虑并不意味着此情况没有盈利可能，而只是此情况可以归入到盘整类型的操作中，然而"下跌＋上涨"买卖方法则是拒绝参与盘整的。

假如前面是"盘整"，那么就是"盘整＋下跌＋上涨"。

如果前面是"盘整＋下跌"型的走势之后形成了第一类买点，很明显，此下跌是跌破前面盘整的。再向前看，在这个盘整前的走势中，也只有两种：上涨和下跌。

对于"上涨＋盘整＋下跌"来说，实际上形成了高一级别的盘整，所以对于"下跌＋上涨"买卖方法而言也不能参与此情况。

那么，只剩下这样一种情况："下跌＋盘整＋下跌"。

通过上述的完全分类，运用"下跌＋上涨"买卖方法，便只能选择一种情况。

前面已走出的走势就是"下跌＋盘整＋下跌"类型，而且在最后一段下跌的时候形成背驰（第一类买点）。

所以，我们能够制定一个运用"下跌＋上涨"买卖方法去选择买入品种的标准程序：

（1）先去选择形成"下跌＋盘整＋下跌"的走势。

（2）在这个走势的第二段下跌形成第一类买点的时候进入。

（3）进入之后，一旦形成盘整走势，就必须坚决退场。

必须注意，在此退场一定是不会损失的，由于是运用低一级别的第一类卖点退场，是必须要盈利的。然而为什么要退场，由于它不符合"下跌＋上涨"买卖"不参与盘整"的标准，盘整的坏处就是浪费时间，并且盘整之后可能一半的就是下跌，对于中小资金的交易者而言，就没有必要去参与。应该记住，买卖必须要按标准来，这样才能最具有效率。假如买进后没形成盘整，那就要恭喜你了，由于这只股票至少将要回升到"下跌＋盘整＋下跌"的"盘整"区域，这则是理论上反弹的最低幅度。假如在日线或者周线上形成这种走势，从而发展成为大黑马的可能性是非常大的。

对于资金量不太大的交易者，这则是最有效的一种买卖方法。

四、缠中说禅买卖点理论

所谓买卖点就是买入或者卖出股票的点位或者价位。股市交易，归根结底则是买卖点的把握。

1."缠论"的买点

第一类买点。

在某级别下跌趋势之中，一个次级别走势类型往下跌破最后一个走势中枢之后所构成的背驰点。"缠论"称为第一类买点。

第一类买点有三层含义：

第一，本级别第一买点就是在次级别中寻找，也可以理解本级别找到的一买属于更高级的。

第二，次级别跌破最后一个走势中枢，在实际操作中可理解为创新低，其上是中枢。

第三，构成背驰，即底线段形成之后，中枢下的趋势力度比中枢上的趋势力度要小。

第二类买点。

在某级别中，第一类买点的次级别上涨结束之后再次下跌的那个次级别走势的结束点。"缠论"称为第二类买点。

第二类买点也有三层含义：

第一，第二类买点必然在第一买点以后。

第二，下跌跌破走势中枢（最好不要创新低）。

第三，下跌走势结束（形成底线段）。

第三类买点。

在某级别上涨趋势中，一个次级别走势类型往上脱离走势中枢，接着以一个次级别走势类型回抽，它的低点不跌破走势中枢上边缘 ZG 的走势中枢终结点。"缠论"称为第三类买点。

第三类买点也有三层含义：

第一，第三类买点必须在第一买点之后。

第二，下跌不破走势中枢（应该进入的前兆）。

第三，下跌走势结束（形成底线段）。

2."缠论"的卖点

第一类卖点。

在某级别上涨趋势中，一个次级别走势类型往上突破最后一个走势中枢后产生的背驰点。"缠论"称为第一类卖点。

第一类卖点有三层含义：

第一，本级别第一卖点在次级别中去寻找，也可以理解本级别找到的一卖属于更高级的。

第二，次级别跌破最后一个走势中枢，在实际操作中能理解为创新高，其下是中枢。

第三，产生背驰，即顶线段形成之后，中枢上的趋势力度比中枢下的趋势力度要小。

第二类卖点。

在某级别中，第一类卖点的次级别下跌结束之后再次上涨的那个次级别走势的结束点。"缠论"称为第二类卖点。

第二类卖点也有三层含义：

第一，第二类卖点必然在第一卖点之后。

第二，上涨突破走势中枢，最好不要创新高。

第三，上涨走势结束，形成顶线段。

第三类卖点。

在某级别下跌趋势中，一个次级别走势类型往下脱离走势中枢，接着以一个次级别走势类型回抽，它的高点不升破走势中枢上边缘 ZD 的走势中枢终结点。"缠论"称为第三类卖点。

第三类卖点也有三层含义：

第一，第三类卖点必然在第一卖点之后。

第二，上涨不能突破走势中枢，应该走的前兆。

第三，上涨走势结束，形成顶线段。

图 9-1 为缠论三类买卖点操作示意：

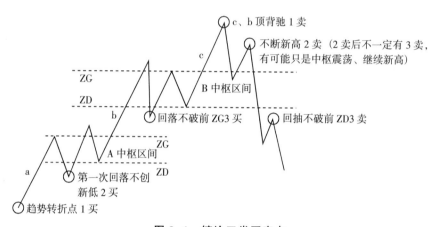

图 9-1　缠论三类买卖点

3."缠论"买卖转折定律

（1）买卖点定律一。

"缠论"认为，任何级别的第二类买卖点都是由次级别相应走势的第一类买点构成，则称为买卖点定律一。

（2）买卖点的完备性定理。

"缠论"认为，市场一定产生盈利的买卖点，只有在第一、二、三类买卖点上，则称为买卖点的完备性定理。

（3）升跌完备性定理。

"缠论"认为，市场中的任何往上和下跌，都一定从三类买卖点中的某一类开始以及结束，则称为升跌完备性定理。也就是说，市场走势都是由这样的线段构成的，线段的端点就是某级别三类买卖点中的某一类。

4."缠论"趋势转折定律

"缠论"认为，任何级别的上涨转折完全是由某级别的第一类卖点产生的；任何的下跌转折完全是由某级别的第一类买点产生的，则称为趋势转折定律。

那么，如何找到"缠论"趋势转折定律中说到的这个买卖的转折点呢？

"缠论"如是说："这里最大的也是唯一的难点在于走势类型的延伸。对于盘整来说，三个重叠的连续次级别走势类型后，盘整就可以随时完成，也就是说，只要三个重叠的连续次级别走势类型走出来后，盘整随时结束都是完美的，但这可以不结束，可以不断延伸下去。面对趋势，形成两个依次同向的缠中说禅走势中枢后，任何趋势都可以随时结束而完美，但也可以不断地延伸下去，形成更多的中枢。"

因此，对于盘整来说，其"延伸"就在于不能构成新的"缠论走势中枢"。它的"结束"就是构成新的"缠论走势中枢"。对于趋势来说，它的"延伸"就在于同级别的同向"缠论走势中枢"不断形成。它的"结束"就是同级别的同向不能形成新的"缠论走势中枢"。

根据上面的分析，因为趋势至少包含两个"缠论走势中枢"，而盘整只有一个。所以趋势与盘整的判别关键也就在于是否产生新的"缠论走势中枢"。由此可见，"缠论走势中枢"的问题是技术分析中的核心问题，这个问题一旦解决，许多判断上的大难题必将迎刃而解。

五、缠中说禅操盘的模式

1."缠论"的盈利模式

（1）选股、做股要专一。专一股票的三类买卖点结合与专一第三类操作的不同股票。

（2）成本为零就是股市不败的唯一前提。

（3）做中长线是股市赚钱的唯一秘诀，短线只是将成本降下来。

（4）确保两个月翻一番，是股市到千万的唯一道路。

2．"缠论"的操作模式

（1）挑选行业龙头的股票，最具有成长型公司，并长期持有。

（2）通过中枢震荡以及中枢上移，使得成本为零，从而多赚钱。

（3）在大的卖点到来时，就清仓退出。

3．"缠论"的操作级别

（1）在30分钟级别上建仓；在5分钟级别上进行波段操作。在1分钟级别和线段级别上进行T加0。

（2）"缠论"均线战法作为辅助判断。5线和10线看笔，55线和89线看线段。均线支撑压制，任何两条均线的关系就是湿吻、唇吻、飞吻。

（3）中枢操作法。就是运用震荡区间酌情做差价。

（4）5分钟战法。在上涨走势中（日线一笔，30分钟线段、5分钟走势）是应该介入的。在下跌时持币观望。

4．"缠论"的买卖节奏

（1）在30分钟走势中一、二、三买介入，一、二卖卖出。时间周期是17日以上。

（2）在5分钟走势中一、二、三买介入，一、二卖卖出。时间周期是5日以上。

（3）在1分钟走势中一、二买介入，一、二卖卖出。时间周期是2~3日。

（4）在1分钟线段走势中一、二买介入，一、二卖卖出。时间周期是1~2小时。

（5）在日线图上，30分钟中枢跌破55线受到89线的支撑，5分钟中枢跌破5线受到10线支撑，1分钟中枢受到5线支撑。

（6）在 30 分钟图上，看 55 线与 89 线的支撑，去研究 30 分钟的线段走势。

（7）在 5 分钟图上，看 55 线与 89 线的支撑，去研究 5 分钟的线段走势以及 5 分钟走势类型。

（8）在 1 分钟图上，在背驰段中寻找背驰。

（9）必须设定止损位和止盈位，持续盈利就是目标，少赚总是比坐电梯要强。

（10）对走势不确定的时候减仓或者清仓，以观望为主，合理地控制好风险。

（11）不要怕错失机会，股市到处都是机会，少亏多赚才是生存的法则。

（12）仓位可以分为底仓和流动仓，底仓是根据操作级别进出，流动仓则是根据小级别进出。

六、缠中说禅的资金管理策略

"缠论"的资金管理策略就是：成本为零。他认为，成本为零就是股市盈利的唯一前提。

"缠论"说："随着盈利的积累，资金越来越大，资金管理就成了最重要的事情。一般来说，只要有好的技术，从万元级到千万元级，都不是什么难事。但从千万元级以后，就很少人能稳定地增长上去。所有的短线客，在资金发展到一定后，就进入滞涨状态，一旦进入大级别的调整，然后就打回原形，这种事情见得太多了。因此，在最开始就养成好的资金管理习惯，是极为重要的。投资，是一生的游戏，被打回原形是很可悲的事情，好的资金管理，才能保证资金积累的长期稳定，在某种程度上，这比任何的技术都重要，而且是越来越重要。对于大资金来说，最后比拼的，其实就是资金管理的水平。"

"缠论"在资金管理中针对每一只股票的最大原则是：当成本为零之前，要将成本变为零；当成本变成零之后，就要多挣股票，一直到股票见到历史性大顶（至少出现月线以上的卖点）。

"缠论"总结出五条资金管理要点：

（1）在第一买点时买入应该要坚决，需要是一次性买入（所占资金的70%）。假如你连一次性买入的信心都没有，则说明你完全没准备好，那就一股都不要购买了。这只股票应该买多少，应该占总体资金多少，一开始就必须研究好，买入之后，资金就不能再增加。买入之后，如果下跌了，除非证明你没有买入的理由，技术上产生了严重的形态，否则的话都不要抛出一股。

（2）运用部分机动的资金（例如30%，不同级别的短差必须要应用不同的资金量）去做一点短差，使成本降下来。然而每次短差，不要去增加股票的数量。唯有这样，才有可能将成本真正地降下来。

（3）在股票达到1倍涨幅附近寻找一个大级别的卖点抛出一部分，将成本降为零，因而就将原先投入的资金全部收回来了。

（4）当股票成本为零之后，就要开始多挣股票。也就是运用每一个短差，上面抛了之后，都全部回补，这样股票就越来越多，而成本还是零。

（5）等着一个超大级别的卖点来到，就一次性全部抛出。

总之，一个合理的持仓结构就是拥有的零成本股票越来越多，一直至大级别上涨结束之后。这样随着资金的积累，能够不断增加参与的股票种类，将这个程序不断持续下去。因此，交易资金和交易难度就不会增加，而股票种类越来越多，然而成本都是为零。这就是一个最牢固的资金管理基础。

七、运用各种不同组合方式进行操作

"缠论"的操作灵魂就是"组合"，一共有三个层次的组合。

第一，资源的组合。

什么资源的组合？"缠论"是这样认为的：

"说句实在话，搞股票，归根结底是搞资源组合的能力，功夫在诗外，组合能力强，资金能长期坚持，有什么不能成功的？"

"在单一的股票市场中，不同风格、背景、势力的资金，各自控制着不同的板块，最大的几个，构成食物链的最上层。"

"庄家也没有什么神秘的，一般庄家就这么几种：一种是国家机构的钱，以前最牛的就是所谓的333主力，这钱的来源就不说了，但像他们这种背景、政策、资金全面超前的东西，弄几个行情又有什么牛的；次一等的像什么君安、中经开之类的，纯粹就是当时市场太小，猴子也能称大王；另一类就是港台一带的游资，后来还有些国外的资金，这些人也能搞些东西出来，但毕竟不是地头蛇，也没什么厉害的；还有一类就是所谓的私募基金，后来连什么涨停板敢死队都被吹了一轮，这类资金又能牛去什么地方；至于那些所谓正式的基金，开始是为相应的证券公司或机构接货，后来又鼓吹这种理念那种理念去蒙散户，一点技术含量都没有，就更没什么好说的了。"

第二，三个独立系统的组合。

什么三个独立系统的组合？就是基本面分析系统、技术面分析系统、比价分析系统。

下面是"缠论"的原话：

基本面分析系统＋技术面分析系统＋比价分析系统＝天下无敌。

有这样一个推论，就可以构建出一个最合理的投资方案。

一是用最大的比例，例如 70%，投在龙头企业（可能是两家）中，然后把其他 30%分在最有成长型（可能是两三家）的企业中。注意，在实际操作中，如果龙头企业已经在基本面上显示必然的败落，那当然就选择最好的替代者，如此类推。

二是只要这个行业顺序不变，那么这个投资比例就不变，除非基本面上出现明显的行业地位改变的迹象，一旦如此，就按等市值换股。当然，如果技术面把握好，完全可以在较大级别卖掉被超越的企业，在其后的买点再介入新的龙头已经成长企业。

三是这充分利用可操作的中枢震荡，例如日线、周线等，把所有投资成本变为零，然后不断增加可持有筹码。注意，这些筹码，可能是新的有成长或低估价值的公司。

四是密切关注比价关系，这里的比价关系，就是市值与行业地位的关系，发现其中低估的品种。

以上这个策略，就是基本面、比价关系与技术面三个独立系统完美的组合。

当然，以上只适合大资金的操作，对于小资金，其实依然可以按照类似思路，只是只能用简略版，例如，跟踪龙头企业，或者跟踪最有成长性的那家。

当然，对于原始资本积累的小资金，利用小级别去快速积累，这是更快速的方法，但资金到一定规模后，小级别就没有太大意义了。

第三，技术面里的组合。

技术面里的组合，一是不同板块股票的组合；二是走势的分解组合。

1. 不同板块股票的组合

至于不同板块股票的组合，"缠论"是这样认为的：

"另外，给那些还希望有更大追求的一个提示，当成一个投资组合，你就会发现这个组合十分有意思，就是此起彼伏，几乎没有一天闲着的。

为什么？对于大资金来说，这样是效率最好的。资金才可以最大效率地流动，才可以又清洗又发力，动态地膨胀。

"其实，去年初就明确告诉过，股票组合就是这样的，如果你是散户，能左跳右跳地根据组合中的买卖点来轮动，那你的收益就十分惊人了，绝对比追什么黑马股票要牛多了，而且极为安全。当然，能做到这一点，并不容易，但这好像是一个考验，一个提高，现在做不到，也要有这方面的意识才行，否则，资金的高效率，就很难办到了。

"注意，你的组合选择不一定按本人的来，本人的可以当成一个教学的版本。"

2. 走势的分解组合

"缠论"的形态学和动力学，这些手段都是为分解组合来服务的。

至于走势的分解组合，"缠论"是这样认为的：

"按严格标准说，如果你能熟练，无论任何图形，都能当下快速地按以上标准来分解并指导操作，那么对于本理论的学习，就大致可以小学毕业了。"

八、运用区间套进行操作

"区间套"是"缠论"操盘的一个极其重要的部分，他通常用它对一个买卖点的准确判断。区间套在整个缠论操盘中的地位非常重要，它运用到每一次分析、每一方法应用当中。

1. 区间套的定义

区间套就是依照背驰段从高级别往低级别逐级寻找背驰点（即买卖点）的方法。运用区间套原理，去看低一级别的图，从中按照这种办法找出相应的转折点。这样与真正的低点基本没有很大的距离。

区间套寻找背驰点的理论依据是：低级别背驰是本级别背驰的必要条件而不是充分条件。也就是说，只有在低级别产生背驰的时候，本级别才有可能背驰。因此，我们能够从低级别去发现本级别背驰的准确点，换言之，次级别的背驰决定了背驰点，我们说某个级别的走势背驰了，那么应该确定它以下所有级别都转折了，这是一切背驰的前提。

2. 区间套的完全分类

"缠论"就是运用级别区间套对买卖点来进行准确的定位。

（1）在区间套理论的逐级分析中，每一个级别的背驰形态都有 ABC 三类。

（2）在区间套理论的逐级分析中，上下级之间不一定背驰"共振"。这又可以分为两种情况：一是上级背下级不背，因为下级走势比较强导致上级背了又背；二是上级不背下级背，这是典型的"小转大"。

（3）在区间套理论的逐级分析中，本级的背驰段有多义性，导致次级中走势分析有很大的不同。

这三个问题的"乘法"则是区间套形式多样的完全分类。

3. 区间套的应用规范

第一种情况是最普遍。它的特点是时间与级别完全吻合。具体的方法则是本级别进入背驰段之后，到次级别中去寻找背驰点，接着逐级寻找下去，一直至所有的级别都在背驰段，最小的级别最终背驰。此方法要求应用者对本级别以下的所有级别都同时关注，就如同一个魔方似的，仅仅对一面是远远不够的，只有多个面都对才具有价值。

第二种情况是小转大。本级别并没有进入背驰段，因小级别的突发情况造成本级别背驰，此情况是很难抓到第一买点的，只可以在次级别回抽确认以后才能买到。此情况形成在空头或者多头陷阱，在本级别一个猛烈的上涨或下跌，但此后就反转了。

第三种情况是反复背离。必须注意是背离并非背驰，所谓"背了又背"就是此情况，则是本级别进入了背驰段，然而次级别以下的力度极大，造成本级别迟缓无法背驰，在本级别上就出现背了又背。然而只要没有打破背驰段，就应当密切注意。此情况会形成在筑顶或筑底的时期，反复地诱多或者诱空，诱多的时候就要快出，诱空的时候就能够战略性地建仓。

九、运用轮动操作法

　　跟踪大盘，这是"缠论"每天必做的功课。他去跟踪各个级别的大盘走势，从而发现可以介入的阶段。例如个股复盘涨停板、政策信息、资金流向、板块热点以及板块轮动。最重要的就是可遇见性的热点板块，不断地跟踪。例如煤炭、有色金属大涨，应该跟踪它的龙头，看这个板块的持续性怎么样。具体来说，缠论这样总结：

　　（1）轮动操作必须是将热的冲高时抛出，其后去吸纳有启动迹象的潜力板块，而不是去追新高。板块轮动极其迅速，千万不能追高买入，必须寻找没动的有买点的买入，这样才能抢占先机。对于散户而言，不必去参与板块的调整。如果板块动过的，那么等调整好了之后自然又动了。所有板块的演绎大概都是一二三节奏的。

　　（2）任何一个板块的大资金布局并非一天就可以完成的，因此，你可以先去关注，最终短线最有力的还是那些已启动的板块。假如你想要快赚钱，那就要在这些已启动的板块中找补涨的。

　　（3）离开中枢的回抽的力度越小，其后可以期待越高。通常来说，资金不大的最多 2~3 个板块持股就行，这样在轮动的时候能够相互照应。一旦前期尚未动的股票有新资金介入，而且在技术上要相应的买点，那就应该能够介入了。

　　所谓轮动就是指板块强弱指标的不断此消彼长，便反映了市场的轮动。板块的轮动都会根据最新的国家和行业发展情况，板块新题材，新的国家政策，新的社会现象以及主力对市场和政策等预测上涨或者下跌，不会形成排队轮动的现象。例如重大国家政策，如4万亿元投资会带动基建、通信等板块的活跃。行业的重大政策或者明显复苏也会导致板块的活跃，例如，产业振兴规划以及行业拐点的确立。

最强的板块则属于领涨板块，这个板块的动态就很关键了。另外，将所有板块的板块强弱指标列在一张图上，那么它的轮动的次序和节奏就非常清楚了，并据此配合具体股票的走势来进行分析，轮动操作就是这么简单。

第十章　王亚伟抄底的秘诀

人物简介

　　王亚伟，1971年9月11日出生于安徽省马鞍山市，1989年毕业于马鞍山二中，安徽省高考理科状元，1993年毕业于清华大学。曾任华夏基金管理公司副总经理、副总裁、投资决策委员会主席、华夏大盘精选基金和华夏策略混合基金经理。2012年5月5日，华夏基金宣布对王亚伟曾管理的华夏大盘和华夏策略精选进行分红，在随后的5月7日，华夏基金和中信证券同时发布公告称，王亚伟正式离职，不过华夏将聘任王亚伟为公司顾问。2012年7月9日，王亚伟在中国香港成立Top Ace。

　　1994年，王亚伟进入中信国际合作公司。这家公司当时刚成立，主要业务是机电产品成套设备进出口及国际工程承包业务。他在这家公司工作了一年，最后三个月开始接触证券投资业务。1995年基于对证券投资的兴趣，他进入了华夏证券公司在当时全国最大的证券营业部：华夏证券北京东四营业部任研究部经理。

　　1998年，国内基金业开始启动，3月27日第一只规范运作的封闭式基金即基金开元成立。实际上在同一阶段，华夏基金管理公司开始筹建，王亚伟跟随当时的营业部总经理——后来的华夏基金总经理范勇宏加入筹备组，4月公司成立了。

　　1998年4月28日，华夏基金旗下第一只封闭式基金——基金兴华成立，基金代码是500008，基金单位总份额为20亿份。王亚伟最初是基金兴华基金经理助理，之后任基金经理。同期在财政部财政科学研究所学习，后获经济学硕士学位。从1998年4月28日到2002年1月8日，即王亚伟离任，基金兴华的净值增长率是84.86%，对应同期上证综指涨幅是18.79%。

2001年年末，华安、南方和华夏三家分别发行了开放式基金，从2001年12月起王亚伟开始担任华夏成长的基金经理。

2002年沪深两市分别下跌了18.62%和8.07%。华夏成长的净值增长率为-3.09%。这个成绩应该让专业投资者满意，但是让刚刚接触基金的国内理财者感到不安。

2003年11月，上证综指创出了新低。但是2003年仍有机会，也有成功的投资者，这就是QFII（合格境外机构投资者）。在下半年，QFII涉足的电力、钢铁蓝筹股走出了行情。华夏成长的净值增长率为13.09%。王亚伟在年报中总结：2003年与业内同行相比，与市场提供的投资机会相比，取得的收益率不能令人满意。

而在2004年，熊市依然延续着，上证综指下跌15.4%，深证成指下跌11.85%。华夏成长当年净值增长率为3.91%，王亚伟仍然没有创造出让行业之外的人记得他的成绩。

2005年4月，王亚伟不再担任华夏成长的基金经理。根据上海财汇的数据，从2001年12月21日到2005年4月12日，即王亚伟离任，上证综指下跌28.5%，但是华夏成长净值增长率为13.22%。

2005年12月，王亚伟接手华夏大盘精选基金。2006年，华夏大盘以154.49%的业绩在118只基金中排名第12位，对应上证综指涨幅达到了130%，而同期净值增长超过这一数字的基金有19只，所有股票型基金的年平均收益率为109.83%。部分原因是，基金有持有股票仓位的限制，同时中国银行、中国工商银行等权重股对上证综指的影响较大。

2012 年 5 月 7 日，华夏基金管理有限公司发布公告称，王亚伟因个人原因于 2012 年 5 月 4 日离职。

2012 年 9 月，王亚伟复出，在深圳成立了一家私募基金公司——深圳千合资本管理有限公司。公开信息显示，这家公司的经营范围为受托资产管理、股权投资、投资管理等，注册资本金 1000 万元人民币，法人代表即王亚伟，个人出资比例 100%。

2013 年 5 月，王亚伟与平安信托共同联手，门槛与"昀沣"一样同为 2000 万元，但规模只有 2 亿元，是"昀沣"的十分之一。

2007 年，王亚伟则获得"中国最赚钱的基金经理"的殊荣，一举将基金金牛奖、明星奖、最佳表现奖、最高回报奖、最受欢迎奖尽数收入囊中。

2009 年，王亚伟当选 2009"股基王"。

2010 年 7 月 1 日，《福布斯》中文版发布了 2010 年中国十佳基金经理榜。华夏大盘精选基金经理王亚伟以 48.17% 的超越基准几何年化收益率，连续两年夺冠。

2011 年，《福布斯》中文版发布了 2011 年中国最佳基金经理 50 强榜单，华夏基金王亚伟以最近 5 年 748.90% 的总回报毫无悬念名列第一。据万得资讯统计，有公开资产管理经验可考的基金经理目前达到 1200 多名。

华夏大盘精选，名为"大盘"，实际上配置了不少中小盘，2006 年 11 月华夏大盘精选以通讯方式召开持有人大会审议《关于明确大盘股定义并相应修改基金合同的议案》，把大盘股的定义从不低于新华富时中国 A200 指数的最低市值规模，修改为总市值不低于 15 亿元。

2007 年，该基金气势如虹，更以 226% 的净值增长率高居国内各类型基金之首，比第二名高出 35 个百分点，其净值增长率是同期上证综指涨幅的 2.33 倍。一时间，华夏大盘成为万众瞩目的牛基。

真正确立王亚伟江湖地位的，则是 2008 年的大熊市。"熊市跌得比别人少，牛市涨得比别人快"，这一辉煌业绩，让许多基金经理和基民，对王亚伟的崇拜之情油然而生。2008 年华夏大盘在股市暴跌中成为基金抗跌亚军。

"王亚伟"这个名字的号召力在市场中再次得到验证，即便是熊市也不例外。新基华夏策略神秘发行创纪录，一天卖 10 余亿元，对于华夏策略精选，好买理财基金研究中心给出"积极推荐"的投资建议。好买基金认为，该基金明确提出以成长股为投资标的，并采用灵活的操作策略，这和王亚伟的投资理念和投资风格极为相似，可以说，该只基金是为王亚伟量身打造的。

而在王亚伟的明星效应下，华夏基金实现了全面开花。截至 2008 年底，华夏基金旗下共有 19 只公募证券投资基金，公募资产净值总额达到 1888.62 亿元，市场份额高达 9.74%，位居全部 61 家基金公司第一位。旗下产品整体业绩最优，3 年来穿越牛熊国内表现最佳基金十占其四，权益和固定类各条产品线全面开花。2008 年度第四次获得金牛基金公司奖，更有 8 个产品摘得金牛单奖。股票投资界还出了个"王亚伟概念股"，得到广大股民的追捧。王亚伟作为公募基金业内所剩无几的元老级基金经理之一，只要他买的股票一被发现，通常都会被市场热捧。王亚伟在经历了 2008 年一年的熊市考验之后，他的声望越来越高。作为"名人"，被"粉丝"追逐几乎是理所当然的。这个圈子里从来也不缺少关于他的种种传言与议论，而在所有的话题之中，最能让各界投资经理以及投资者兴奋的就是王亚伟在股市的操作动向。部分市场人士所谓的"王亚伟效应"，意思就是一只股票一经发现被王亚伟买入就会受到热捧，结果导致其股价被推高。

一位 FOF 基金经理认为，鉴于王亚伟是目前中国市场中为数不多的明星基金经理，所以大家追捧他买的股票也很正常，而这种追捧在一定程度上又提升了基金的业绩。这位基金经理认为，获得超额收益的路径有三条：做好每一次波段、选好品种以及受益于明星效应。

2008年，这一年全球市场都笼罩在熊市的氛围中。2007年王亚伟虽然是最能赚钱的基金经理，但由于在更早的一轮熊市里华夏大盘并无突出表现，所以业内对他的操作手法与风格也一直存在诸多不同看法。不过此时的王亚伟已和当初不可同日而语。

对于"王亚伟效应"，业内普遍认可它的存在。一位私募基金的投资总监对《第一财经日报》表示，有相当数量规模较小的私募基金是以内部消息为生，对于基金可能重仓的股票，他们会提前驻扎以赚取利润。而王亚伟选择的股票正是这类基金钟爱的目标之一。由于王亚伟所选股票以中小盘居多，无须太多资金股价即会有所反应。

另一位公募基金经理表示，他相信"王亚伟效应"确实存在，而且"已经形成了一个很强的平台"，尽管这圈子可能相对有限。

投资策略及理论：以成长股为投资标的，并采用灵活的操作策略。

理论阐述：成长股是处于飞速发展阶段的公司所发行的股票。成长性股票不具有特定的权利内容，是人们对于某些公司发行的股票的一种主观评价。成长性股票多为普通股，专指那些虽不见得立即就能获得高额股利或其他优惠条件，但未来前景看好的股票。由于股票前景主要取决于发行公司的境况与发展，因此，只有那些销售额和盈利额都在迅速增加，其增长幅度大大快于全国及其所在行业平均增长率的公司所发行的股票，才能被认为是成长性股票。一般地讲，这些公司大多属于新兴行业或发展潜力很大的行业。公司往往通过使用新材料、运用新技术、开发新产品、拓展新市场等创新活动，使自己获得高速发展，故他们发行的股票也将随公司的成长壮大而日益增值。但成长股一般在发行初期却往往表现为股票收益率较低、市场转让价格也在低位徘徊。这是因为这类公司正处于高速增长阶段，需要留存较多的盈利作为再投资的资本，加快公司的发展与扩张，以争取时机，占领市场，为此，他们在短期内通常对股东只支付较少的红利，故股东的眼前收益可能并不高。但随着公司的发展，实力的增强和利润的大幅度上升，成长性股票日后不仅可望获得丰富的股利收入，而且还可以从股价的日趋上升中赚取大额的买卖价差。因此，成长性股票最受长期投资者的青睐。

具体做法：多年的从业生涯，让王亚伟深刻地体会到独立思考的重要性。"要想寻找未来的牛股，你必须要从目前充斥市场上的各种声音中冷静下来，独立思考。这是个信息泛滥的时代，信息不是太少而是太多了，你必须要有敏锐的洞察力和过滤能力，才能抓住事情的关键，不然就会被淹没和迷失方向。"王亚伟表示："作为基金的管理人，投资者把钱交给你就是要你代替他去思考，你要是随波逐流，缺乏独立思考的精神，就是没有做到尽职尽责。""冷静下来，用自己的思想指导自己的"，成为王亚伟作为一个职业投资者给大家的忠告。

对大势与个股关系的看法：顺大势精选个股。擅长操作重组题材股。

对股市预测的看法：在变幻莫测的市场中，王亚伟强调的却是认识自己："这往往很难，但能否做到了解自己是投资成功与否的关键因素。人往往过高估计自己的能力，而低估了自己的脆弱，在市场狂热时贪婪，市场低迷时恐惧。只有在了解了自己的风险承受能力、知识能力以及自身局限性的基础上，在实践中不断完善，才能跟上市场发展的步伐。"

对投资工具的看法：王亚伟从来不强调自己的个人作用。作为投委会主席，他更愿意把华夏基金的业绩归于研究和投资两个方面。王亚伟认为，研究的理念要强调统一，强调科学性。到底是什么决定了企业的投资价值？这是最重要的。华夏基金很重视考核研究报告的质量，评判其对公司内在价值的分析、核心竞争力、业绩驱动因素，并及时跟踪。报告的及时性、覆盖度、深度和广度是其好坏的重要标准。

抄底名言：在挑选个股方面，王亚伟始终坚持追求低风险高收益的投资。"有业绩支持的成长"是王亚伟一直倡导的投资理念。成长本身的稳定性和持续性，在投资中占据越来越重要的地位。也就是说，不仅要看公司当年的业绩增长，还要看其能否保持三到五年的良好增长，以及安全边际是不是足够大。换句话说，值得投资的是那些"只输时间不输钱"的股票。

因此，在王亚伟的组合中，取代热门股票的是潜伏中的成长股、隐蔽型的被低估股。在市场进入阶段性的转换期，尤其是在主流板块的滞涨期，这种思路非常见效。

一、王亚伟成功抄底押中一股

美尔雅（600107）2011年6月29日宣告，大股东美尔雅集团的股权将被出售，公司实际控制人将发生变化。如果重组能顺利实施，一向擅长操作重组题材的明星基金经理王亚伟又将成为大赢家。

2011年4月18日~6月20日，延续之前的颓势，A股市场不断"寻底"，沪指试图行至2600点。受此拖累，基金普遍境遇悲惨，2011年以来整体大幅下挫，平均跌幅已经超过10%。

2010年的牛基能否躲过市场的浩劫？数据统计，2010年排名前10的牛基，整体表现风光不再，业绩多数滑落至排行榜的后半区，纷纷跌出百名之外。最为典型的基金是华夏大盘，在下跌的狂洗中，王亚伟也被市场打得落花流水。

华夏策略精选基金，是投资者关注的另一只牛基，这只基金是王亚伟管理的，2010年的收益率为29.94%，属于混合股票型基金，但在下跌中，也成为重伤中的一员。该基金跌幅为负10.81%，在同类型168只基金中，排名第130位。与之命运相同的王亚伟掌管的另一只明星产品华夏大盘策略，跌幅也高达负11.66%，排名第145位，跌幅均超过了同类型基金9.29%的平均值。

王亚伟管理的这两只基金中，前十大重仓股中有6只相同，广汇股份、东方金钰（600086）、交通银行（601328）、山东海化（000822）、宝钢股份（600019）、洪都航空（600316）。

其中东方金钰跌幅最深为负28.27%，宝钢股份、洪都航空的跌幅也都在负10%以上。

不过，有些个股则是王亚伟长期持有的，最典型的就是备受质疑的乐凯胶片（600135）和峨眉山A，其中峨眉山A持仓达11个季度之久。从两股的走势看，乐凯胶片几乎没能为华夏大盘带来利润，而峨眉山A，在近60个交易日中，下跌了负2.10%。

乐凯胶片此前几乎只有华夏大盘看好，而峨眉山A已经吸引多家基金入驻。一位分析师表示，乐凯胶片有太阳能（000591）题材，未来有一定的潜力，近期机构给予峨眉山A增持评级的也有所增多。

德圣基金研究中心江赛春表示，这是因为2010年股市风格分化巨大，不同风格类型的基金业绩表现也分化严重，选股能力突出、操作灵活的中小盘风格基金表现异常突出。而2011年高成长性中小盘股优势不再，蓝筹股迎来了难得的估值修复性行情。

具体在行业上，金融、地产、金属等强周期性行业表现强势，而食品、医药、农林、信息等行业逆势下跌，板块分化显著。市场风格发生轮转，2011年以来基金阶段业绩也发生巨大变化，前期表现出色高成长性中小盘风格基金多数遭受重创，而坚守周期性蓝筹股的基金则表现优异。

二、王亚伟抄底收益超 50%

华润万东（600055）2013 年 3 月发布的 2012 年年报显示，"中国外贸信托——昀沣证券投资集合信托计划"位列前十大股东名单第十位，持股近 90 万股。从公开报道中提到的"昀沣计划"成立时间上大致判断，王亚伟一募集资金便火线建仓。由于恰逢华润万东股价调整，王亚伟的建仓成本相当低廉。粗略估算，如果持股 2013 年 3 月，短短几个月的时间，其账面浮盈已接近六成。除华润万东以外，王亚伟管理的"昀沣计划"还现身广电网络（600831）股东榜。从持股市值和《投资快报》记者大致估算的建仓成本看，王亚伟显然更为看好广电网络的投资价值，因而在该股上配置了更高的仓位。但从最近几个月的投资效果上看，华润万东的股价走势明显强于广电网络。

在 2015 年 A 股保卫战中，除证金公司外，券商、私募、QFII 等各方资本纷纷出手，抄底 A 股。其中，中信证券可谓个中翘楚。统计数据显示，最近一个月，中信系营业部仅在龙虎榜累计买入金额已高达 1226.92 亿元，同期合计卖出金额仅 80 亿元，净买入金额达 1146.92 亿元。

面对跌出来的机会，私募资本也纷纷乘虚而入，动用举牌大招。王亚伟执掌的千合资本也高调举牌大杨创世，累计加仓 1059.8006 万股，占总股本的 6.42%。随着 A 股反弹，上述被举牌的个股期间涨幅均超 30%，抄底的资本也赚得盆满钵满。而王亚伟举牌的大杨创世，从 7 月 8 日创下新低以来，涨幅已接近 80%。

此外，QFII 也借道大宗交易对 A 股进行疯狂扫货。中登公司数据显示，6 月 QFII 新开 23 个 A 股账户，环比增加近一倍。与此同时，QFII 也频频现身大宗交易平台，6 月以来已经买入 62 只个股，其中东阳光科买入金额最多高达 5.99 亿元，东富龙紧随其后。从 QFII 抄底的路径来看，QFII 仍偏爱金融、汽车、食品饮料等大蓝筹股，此外，军工、国企改革等也成为布局方向之一。

三、王亚伟出手抄了新三板的底

2016 年市场震荡，私募基金都在悄然间进军股权市场，并加速布局。发完"昀沣 4 号"、抄底 A 股的王亚伟，又发了一只股权投资产品，给处于资本寒冬、跌到谷底的新三板也添了把火。

王亚伟近年来在新三板、股权市场玩得风生水起，以自然人、公司名义及产品等投资了十来个标的，有些还是纯股权投资阶段就介入了。看来王亚伟看好这个股权投资的大时代、好机会，已经毫不犹豫大干起来。2 月 24 日，王亚伟发了一只新产品"中铁宝盈祥云 1 号特定资产管理计划"（以下简称"祥云 1 号"），并在 3 月 7 日在基金业协会完成备案，产品备案登记在王亚伟的股权投资公司"千合投资"名下。同时完成备案的，还有一只"瑞元千合御风专项资产管理计划"，但这只产品王亚伟 2015 年 11 月就发行了，只是备案比较晚。

这次王亚伟牵手的小伙伴是"中铁宝盈"，就是宝盈基金的子公司，这只"祥云 1 号"产品，由中铁宝盈做资产管理人，千合投资担当投资顾问，招商银行帮忙托管，主要投向是股权投资、Pre-ipo、Pre-新三板。从投资说明书和成立公告可以发现，"祥云 1 号"从 2 月 17 日就开始销售了，卖到 2 月 23 日就宣告成立，销售时间只有 1 周，看来王亚伟魅力不减、分分钟搞定销售。再看规模，成立公告上明确表示，"初始销售期间内，本计划共募集资金 30000400.00 元，共确认资产管理计划份额 30000400.00 份，初始资产规模符合本计划资产管理合同约定"。可见这个产品最初规模刚刚超出 3000 万元，投资说明书对产品的规模要求是 3000 万到 50 亿元，王亚伟仅多了 400 元，刚好满足成立门槛，就赶紧完成产品成立，可能是为了快马加鞭去投资。

和以往动则千万元、高不可攀的认购门槛相比，这次王亚伟产品的认购门槛仅为 100 万元，"本计划的投资者在初始销售期间首次认购的金额不低于壹佰（100）万元人民币，投资者在初始销售期间内可多次追加认购金额"；同时收取 0.2% 的资产管理费和 0.03% 的托管费；存续期是 10 年，采取季度开放。既然是股权投资产品，"祥云 1 号"设定的投资目标是"力争在严格控制风险的基础上，获取长期的、可持续的较高投资回报"，投资范围包括拟在 A 股（含上交所要推的战略新兴板）上市、挂牌及拟挂牌新三板或地方股权交易所的企业的股权、债券，等等。

王亚伟已经全面进军股权市场，抄底优质标的、布局，然后慢慢收获。从当年纯粹的二级市场"公募一哥"，进化为纵横一二级市场的低调私募投资大佬，小伙伴们拭目以待吧。首先来看旗下产品，从基金业协会备案数据可见，千合投资旗下有 6 只股权投资产品，主要和两位小伙伴玩，一是广发基金子公司"瑞元资本"，有瑞元千合木槿 1~3 号、瑞元千合清风及最新的瑞元千合御风 5 只产品；二是宝盈基金子公司"中铁宝盈"，只有新发的中铁宝盈祥云 1 号。

再来看王亚伟的做法主要有几种：一是以个人名义参与新三板，比如参与"和君商学"的定增，以自然人身份认购 10 万股，占公司总股本 0.79%；二是以千合投资这一公司法人主体参与，标的比较多，比如千合投资认购"海鑫科金"47 万股，以现金 960 万元认购"随视传媒"32 万股；三是以千合投资旗下产品去参与，比如瑞元资本以瑞元千合木槿 1 号参与"中航讯"定增，225 万元认购 100 万股，瑞元千合木槿 1 号还参与了"和创科技"定增，500 万元认购约 18.42 万股。

王亚伟还喜欢在公司挂牌前介入，做相对较纯的股权投资，或许那样估值会比较低，更容易以便宜的价格拿到好标的。开发了火爆一时的

in 贴图软件的"九言科技",递交了公开转让说明书,北京伟创富通互联网投资中心(有限合伙)持股 842.67 万股,占比 5.62%,伟创富通大股东就是王亚伟的千合,一哥很早就进入了,也爱萌萌哒;另一家拆 VIE 架构回国的出境旅游服务商"百程旅游",2015 年年底递交公开转让说明书,其中瑞元资本代表瑞元千合木槿 2 号,持股 250.9 万股,占比 9.93%,据说王亚伟看好百程的签证服务。

另外,大佬们还经常出现英雄所见略同,王亚伟有时会和其他大佬们一起出现在股权投资的名单中。比如体育公司"新赛点"就吸引了千合资本、朱雀投资两家大机构,千合资本持有 281.25 万股,占比 10%;王亚伟的千合还和俞敏洪一起投了"清睿教育",持有 15.3 万股,占比 0.5%。

能够被小伙伴们发现的就有这么多标的,看来王亚伟在新三板、股权市场下一盘大棋。为什么王亚伟现在也这么勤勤恳恳搞股权投资,新三板 2016 年、2017 年是买入的最佳时机。目前资产向股权市场配置的潮流已经打开,而且是不可逆的,现在价格那么便宜,买就行了。长期看好新三板,选择好的公司,未来肯定能走出来,同时现在估值都跌到底部了,不买还什么时候行动。

参考文献

［1］梁富林.抄底逃顶六合一操盘法［M］.北京：地震出版社，2019.

［2］严行方.巴菲特这样抄底股市［M］.海口：南方出版社，2018.

［3］皖城.K线戏法——股市逃顶与抄底技巧［M］.上海：上海财经大学出版社，2010.

［4］秦义虎，娄源勇，陈湘.中国股市大抄底［M］.广州：广东经济出版社，2009.

［5］［美］本·斯坦，菲尔·德姆斯.抄底［M］.刘卓译.北京：东方出版社，2009.